K

Short Stories / Nouvelles

The Garden-Party / La Garden-Party

Marriage à la mode / Mariage à la mode

The Voyage / Le Voyage

The Stranger / L'Étranger

Choix, introduction et notes par

Ann GRIEVE
Agrégée d'anglais
Maître de conférences à Paris-VII

POCKET

Les langues pour tous

Collection dirigée par Jean-Pierre Berman,
Michel Marcheteau et Michel Savio

ANGLAIS Série bilingue

Niveaux : ❏ facile (1er cycle) ❏❏ moyen (2e cycle) ❏❏❏ avancé

Littérature anglaise et irlandaise

- **Carroll (Lewis)** ❏
  Alice in Wonderland
- **Conan Doyle** ❏
  Nouvelles (4 volumes)
- **Fleming (Ian)** ❏❏
  James Bond en embuscade
- **Greene (Graham)** ❏❏
  Nouvelles
- **Jerome K. Jerome** ❏❏
  Three men in a boat
- **Mansfield (Katherine)** ❏❏❏
  Nouvelles
- **Masterton (Graham)** ❏❏
  Grief - The Heart of Helen Day
- **Wilde (Oscar)**
  Nouvelles ❏
  The Importance of being Earnest ❏❏
- **Wodehouse P.G.**
  Nouvelles ❏❏

Littérature américaine

- **Bradbury (Ray)** ❏❏
  Nouvelles
- **Chandler (Raymond)** ❏❏
  Trouble is my business
- **Columbo** ❏
  Aux premières lueurs de l'aube
- **Fitzgerald (Scott)** ❏❏❏
  Nouvelles
- **George (Elizabeth)** ❏❏
  Trouble de voisinage
- **Hammett (Dashiell)** ❏❏
  Murders in Chinatown
- **Highsmith (Patricia)** ❏❏
  Nouvelles
- **Hitchcock (Alfred)** ❏❏
  Nouvelles
- **King (Stephen)** ❏❏
  Nouvelles
- **James (Henry)** ❏❏❏
  The Turn of the Screw
- **London (Jack)** ❏❏
  Nouvelles

Ouvrages thématiques

- **L'humour anglo-saxon** ❏
- **L'anglais par les chansons** ❏
  (+ 🅒)
- **Science fiction** ❏❏

Anthologies

- **Nouvelles US/GB** ❏❏ (2 vol.)
- **Les grands maîtres du fantastique** ❏❏
- **Nouvelles américaines classiques** ❏❏

Pour trouver les autres ouvrages de la collection **Langues pour tous**
(méthodes, grammaires, dictionnaires, langue de spécialité)
demander le catalogue **Langues pour tous** à votre libraire.

Autres langues disponibles dans les séries de la collection **Langues pour tous**
ALLEMAND - AMÉRICAIN - ARABE - CHINOIS - ESPAGNOL - FRANÇAIS - GREC - HÉBREU
ITALIEN - JAPONAIS - LATIN - NÉERLANDAIS - OCCITAN - POLONAIS - PORTUGAIS
RUSSE - TCHÈQUE - TURC - VIETNAMIEN

Sommaire

- Prononciation 4
- Comment utiliser la série « Bilingue » ? 5
- Signes et abréviations 6
- Préface 7
- Chronologie 9

The Garden-Party
 La Garden-Party 11

Marriage à la mode
 Mariage à la mode 61

The Voyage
 Le Voyage 97

The Stranger
 L'Étranger 125

- Index lexical 165

Prononciation

Elle est donnée dans la nouvelle transcription — Alphabet Phonétique International modifié — adoptée par A.C. GIMSON dans la 14ᵉ édition de l'*English Pronoucing Dictionnary* de Daniel JONES (Dent, London).

Sons voyelles

[ɪ] **pit**, un peu comme le *i* de *site*

[æ] **flat**, un peu comme le *a* de *patte*

[ɒ] ou [ɔ] **not**, un peu comme le *o* de *botte*

[ʊ] ou [u] **put**, un peu comme le *ou* de *coup*

[e] **lend**, un peu comme le *è* de *très*

[ʌ] **but**, entre le *a* de *patte* et le *eu* de *neuf*

[ə] jamais accentué, un peu comme le *e* de *le*

Voyelles longues

[i:] **meet** [mi:t] cf. *i* de *mie*

[ɑ:] **farm** [fɑ:m] cf. *a* de *larme*

[ɔ:] **board** [bɔ:d] cf. *o* de *gorge*

[u:] **cool** [ku:l] cf. *ou* de *mou*

[ɜ:] ou [ə:] **firm** [fə:m] cf. *e* de *peur*

Semi-voyelle :

[j] **due** [dju:], un peu comme *diou*...

Diphtongues (voyelles doubles)

[aɪ] **my** [maɪ], cf. *aïe !*

[ɔɪ] **boy**, cf. *oyez !*

[eɪ] **blame** [bleɪm] cf. *eille* dans *bouteille*

[aʊ] **now** [naʊ] cf. *aou* dans *caoutchouc*

[əʊ] ou [əu] **no** [nəʊ], cf. *e* + *ou*

[ɪə] **here** [hɪə] cf. *i* + *e*

[eə] **dare** [deə] cf. *é* + *e*

[ʊə] ou [uə] **tour** [tʊə] cf. *ou* + *e*

Consonnes

[θ] **thin** [θɪn], cf. *s* sifflé (langue entre les dents)

[ð] **that** [ðæt], cf. *z* zézayé (langue entre les dents)

[ʃ] **she** [ʃi:], cf. *ch* de *chute*

[ŋ] **bring** [brɪŋ], cf. *ng* dans *ping-pong*

[ʒ] **measure** ['meʒə], cf. le *j* de *jeu*

[h] le *h* se prononce ; il est nettement <u>expiré</u>

Comment utiliser la série « Bilingue » ?

Cet ouvrage de la série « Bilingue » permet aux lecteurs :
• d'avoir accès aux versions originales de textes célèbres, et d'en apprécier, dans les détails, la forme et le fond, en l'occurrence, ici, des nouvelles de **Katherine Mansfield** ;
• d'améliorer leur connaissance de l'anglais, en particulier dans le domaine du vocabulaire dont l'acquisition est facilitée par l'intérêt même du récit, et le fait que mots et expressions apparaissent en situation dans un contexte, ce qui aide à bien cerner leur sens.

Cette série constitue donc une véritable méthode d'auto-enseignement, dont le contenu est le suivant :
• page de gauche, le texte en anglais ;
• page de droite, la traduction française ;
• bas des pages de gauche et de droite, une série de notes explicatives (vocabulaire, grammaire, rappels historiques, etc.).

Les notes de bas de page et la liste récapitulative à la fin de l'ouvrage aident le lecteur à distinguer les mots et expressions idiomatiques d'un usage courant et qu'il lui faut mémoriser, de ce qui peut être trop exclusivement lié aux événements et à l'art de l'auteur.

Il est conseillé au lecteur de lire d'abord l'anglais, de se reporter aux notes et de ne passer qu'ensuite à la traduction ; sauf, bien entendu, s'il éprouve de trop grandes difficultés à suivre le texte dans ses détails, auquel cas il lui faut se concentrer davantage sur la traduction, pour revenir finalement au texte anglais, en s'assurant bien qu'il en a maintenant maîtrisé le sens.

Signes et principales abréviations utilisés dans les notes

≠	contraire de	*fig.*	figuré
⚠	attention à…	*invar.*	invariable
▲	faux ami	*litt.*	littéralement
abr.	abréviation	*pr.*	pronom
adj.	adjectif	*qqch.*	quelque chose
adv.	adverbe	*qqun*	quelqu'un
c.-à-d.	c'est-à-dire	*sb*	*somebody*
fam.	familier	*syn.*	synonyme

Ann GRIEVE, de père anglais et de mère française, est agrégée d'anglais et a été maître de conférence à l'université Paris VII, où elle a enseigné la littérature et la traduction. Elle a effectué des missions d'enseignement aux États-Unis et en Europe et s'occupe d'établir des échanges interuniversitaires.

Elle a publié des articles sur l'histoire de l'art (l'architecture fantastique, l'histoire des jardins) et des traductions, notamment S. Joyce, ***Le Gardien de mon frère*** (Gallimard) et, en collaboration avec Liliane Abensour, ***La Révolte des Tartares*** de Thomas De Quincey (Actes Sud, 1984). Elle est également co-auteur du ***Vocabulaire de l'anglais moderne*** dans la collection Langues pour Tous.

Le Code de la propriété intellectuelle n'autorisant aux termes de l'article L. 122-5 (2e et 3e a), d'une part, que les « copies ou reproductions strictement réservées à l'usage privé du copiste et non destinées à une utilisation collective » et, d'autre part, que les analyses et les courtes citations dans un but d'exemple ou d'illustration, « toute représentation ou reproduction intégrale ou partielle faite sans le consentement de l'auteur ou de ses ayants droit ou ayants cause est illicite » (art. L. 122-4).
Cette représentation ou reproduction, par quelque procédé que ce soit, constituerait donc une contrefaçon sanctionnée par les articles L. 335-2 et suivants du Code de la propriété intellectuelle.

© Langues pour Tous/Pocket Département d'Univers Poche, 2000
pour la traduction française, les notes et la présentation.

ISBN : 978-2-266-13709-6

PRÉFACE

Doublement exilée, à la fois par les voyages et la maladie, Katherine Mansfield passa sa vie à errer à la poursuite de son enfance et de sa santé perdues. Née dans une famille aisée, elle quitta la Nouvelle-Zélande à dix-neuf ans pour ne jamais y retourner. Elle se rendit à Londres où elle se consacra à la littérature, après un bref passage par la musique (c'était une excellente violoncelliste). Un premier mariage malheureux — et puis ce fut la rencontre de John Middleton Murry qu'elle finit par épouser en 1918. Ce fut aussi le début de sa lutte farouche contre la tuberculose. Phtisique comme son ami D.H. Lawrence, ou cette autre grande figure féminine de la littérature anglaise, Emily Brontë, elle semble s'être d'autant plus accrochée à la vie qu'elle la sentait plus menacée. La littérature faisait partie de ce qu'elle appelait « la lutte contre la corruption ». Capter la vie, la vraie vie, et la rendre par des mots — voilà ce qui donnait un sens à sa souffrance et en abolissait le scandale. Elle écrivit donc, à Londres, en Suisse, en France, souvent au lit, mais toujours avec acharnement. Son journal et ses lettres témoignent avec émotion de ses efforts pour vaincre les obstacles, marquant les étapes de sa maladie, et les doutes dans son travail. Parfois, elle perdait sa « vision » et c'étaient alors de longues périodes de dépression, mais la vie l'accrochait de nouveau. Il fallait, en quelque sorte, *trouver* l'histoire : elle la sentait toujours là, presque à portée de la main, mais fuyante. Elle comparait son travail à celui d'un sourcier qui devine où est l'eau...

C'est ainsi qu'elle devint la grande spécialiste de la nouvelle, cet art où il faut très vite aller à l'essentiel, cet art parfois fait de rien — une tâche sur un mur au soleil, un oiseau qui passe, un regard. La Nouvelle-Zélande, sa patrie perdue, est partout présente dans ses textes, avec ses paysages, ses maisons, ses jardins, ses familles qui vont à la mer, ou se séparent, la nuit, sur un quai. Elle y met tous ses souvenirs d'enfance, cette « dette d'amour » qu'elle se sent, et il ne faut pas oublier combien elle fut marquée par la mort de son frère unique, Leslie, tué sur le front en 1915, qui l'avait encouragée à écrire, et à qui elle avait promis de ressusciter cette période de bonheur. Elle porte ce monde en elle, toujours prêt à refaire surface, et elle rêve de montrer la vie à la fois différente et semblable de ces Anglais d'un autre continent. Mais il ne s'agit pas que d'un pays lointain avec ses arbres aux noms exotiques. Il s'agit de la vie même, avec ses drames minuscules, ses brusques changements, telle que nous la connaissons tous. L'auteur nous la restitue, mine de rien, sans que l'on sente l'effort que cela a dû représenter, comme touchée par la grâce.

Après un dernier effort presque mystique pour faire triompher son esprit sur son corps, tentative qui la mena chez le philosophe Gurdjieff, où elle fut heureuse mais mal soignée, Katherine Mansfield mourut, à peine âgée de trente-cinq ans, ne laissant derrière elle que son journal, ses lettres, et des recueils de nouvelles parfois un peu ténues. Mais le registre mineur dans lequel elle travailla souvent ne doit pas faire oublier la profonde originalité de cette femme éprise d'indépendance, qui sut, par ses efforts exigeants, porter un genre à sa perfection.

Les quatre nouvelles publiées ici sont tirées de son recueil le plus célèbre, *La Garden-Party*, écrit principalement dans le sud de la France. Séparée de son mari par la maladie, souffrant de difficultés financières, elle s'exalte et s'épuise à saisir la vérité de ces instants de vie qu'elle parvient à fixer sur le papier. Elle y décrit sa famille à peine transposée, et ses impressions de petite fille déjà différente des autres *(La Garden-Party, Le Voyage)*, ou bien des couples qui se retrouvent et se perdent *(Mariage à la mode, L'Etranger)*. Mais toujours, derrière les joies de la fête ou les mots futiles de la conversation, se dessine la faille de la solitude ou de la mort.

CHRONOLOGIE

1888	Naissance le 14 octobre de Katheleen Beauchamp à Wellington, Nouvelle-Zélande. Elle choisira d'écrire sous le nom de famille de sa mère : Mansfield.
1896-1903	École primaire, puis collège à Wellington. Elle écrit déjà dans des journaux scolaires.
1903-1906	La famille se rend à Londres où Katherine et ses deux sœurs aînées fréquentent Queen's College ; elle s'occupe du Magazine de l'école.
1906	Retour en Nouvelle-Zélande où Katherine passe par des crises de révolte et de dépression, à la fois séduite et dégoûtée par ses compatriotes.
1908	Elle obtient de repartir pour Londres avec une petite pension de son père. Elle fait d'abord de la musique puis décide de se lancer dans la littérature.
1909	Premier mariage avec le pianiste George Bowden. Elle se sépare de lui vingt-quatre heures plus tard.
1910	Séjour en Bavière où elle donne naissance à un enfant mort (qui n'est pas de son mari).
1911	Publication d'un recueil de nouvelles : *In a German Pension (Pension de famille allemande)*.
1912	Elle rencontre John Middleton Murry qui deviendra son compagnon et plus tard son mari. Il dirige la revue *New Age* à laquelle collaborent Picasso et Derain, et travaille avec D.H. Lawrence.
1913	Séjour à Paris où elle a une aventure avec Francis Carco.
1914	Elle écrit des nouvelles et poursuit son journal qui sera publié en 1927 par Middleton Murry.
1915	Mort de son frère unique Leslie sur le front ; Katherine en est bouleversée. Elle décide de décrire leur enfance en Nouvelle-Zélande. Séjour en Cornouailles avec Middleton Murry, D.H. Lawrence et sa femme. Atmosphère parfois tendue.

1917	Publication de *The Prelude* (la première version en est *The Aloe, L'Aloès*). Elle souffre de tuberculose.
1918	Elle épouse Middleton Murry.
1920-1922	Séjours en Suisse et en France, à Paris et sur la Côte d'Azur (en particulier à Bandol). Elle cherche à se soigner.
1920	Publication de *Bliss and Others Stories (Félicité et autres nouvelles)*.
1922	Publication de son recueil majeur *The Garden-Party*.
1923	Publication de *The Dove's Nest (Le Nid de colombes)*. Meurt le 9 janvier, au prieuré d'Avon, à Fontainebleau, chez le philosophe Gurdjieff.

The Garden-Party

La Garden-Party

And after all the weather was ideal. They could not have had a more perfect day for a garden-party if they had ordered[1] it. Windless[2], warm, the sky without a cloud. Only the blue was veiled with a haze[3] of light gold[4], as it is sometimes in early[5] summer. The gardener had been up since dawn[6], mowing[7] the lawns and sweeping[8] them, until the grass and the dark flat rosettes where the daisy plants had been seemed to shine. As for the roses, you could not help[9] feeling they understood that roses are the only flowers that impress people at garden-parties; the only flowers that everybody is certain of knowing. Hundreds, yes, literally hundreds, had come out in a single night; the green bushes bowed[10] down as though they had been visited by archangels.

Breakfast was not yet over before the men came to put up[11] the marquee.

"Where do you want the marquee put, mother?"

"My dear child, it's no use[12] asking me. I'm determined to leave everything to you children this year. Forget I am your mother. Treat me as an honoured guest."

But Meg could not possibly go and supervise the men[13]. She had washed her hair before breakfast, and she sat drinking her coffee in a green turban, with a dark wet curl[14] stamped[15] on each cheek. Jose, the butterfly, always came down in a silk petticoat and a kimono jacket.

---

1. **to order :** *ordonner*, et aussi *passer commande* ; **by order :** *sur commande*.
2. **-less :** suffixe privatif. Cf. **cloudless :** *sans nuage*, et **breathless :** *essoufflé*.
3. **haze :** *brume de chaleur* ; adj. **hazy : a hazy light :** *une lumière voilée.* **His English was hazy :** *son anglais était approximatif.*
4. s'oppose à **dark gold.** Cf. **light blue :** *bleu clair*, et **dark blue :** *bleu foncé*.
5. **to be early** [əːli] **:** *être en avance* ; **to be late :** *être en retard*.
6. **dawn :** *aube* ; **dusk :** *crépuscule*. Existe aussi le verbe **to dawn :** *se lever, poindre*, qui peut s'employer dans son sens figuré de : *venir à l'esprit.* **It dawned on him that :** *il comprit soudain que*.
7. cf. **lawn-mower :** *tondeuse à gazon*.
8. **to sweep, swept, swept,** verbe irrégulier.
9. **you :** employé comme impersonnel. **I can't help it :** *je n'y peux rien.* L'expression est suivie d'un verbe à la forme **-ing. I can't help thinking :** *je ne peux m'empêcher de penser.* Cf. **to avoid,** tou-

Finalement, il faisait un temps idéal. Ils n'auraient pas pu avoir une journée plus parfaite pour une garden-party, même s'ils en avaient passé commande. Pas de vent, un air doux, un ciel sans nuage. Seul le bleu était voilé d'une légère brume dorée, comme il arrive parfois au début de l'été. Le jardinier s'était levé dès l'aube pour tondre et ratisser les pelouses, si bien que le gazon et les rosettes de feuilles plates et sombres marquant l'emplacement des pâquerettes semblaient briller. Quant aux roses, on ne pouvait s'empêcher de penser qu'elles savaient que les roses sont les seules fleurs qui impressionnent les invités des garden-parties ; les seules fleurs que tout le monde est sûr de reconnaître. Il y en avait des centaines, oui, littéralement des centaines, écloses en une seule nuit, leurs buissons verts s'inclinant comme s'ils avaient reçu la visite d'archanges.

Le petit déjeuner n'était pas encore fini quand les ouvriers arrivèrent pour dresser la tente.

« Où veux-tu que l'on dresse la tente, maman ? »

« Inutile de me le demander, mon petit. J'ai décidé cette année de m'en remettre entièrement à vous, les enfants. Oubliez que je suis votre mère. Traitez-moi comme une invitée de marque. »

Mais Meg ne pouvait absolument pas aller surveiller les ouvriers. Elle s'était lavé les cheveux avant le petit déjeuner, et buvait son café, assise, un turban vert sur la tête, une boucle brune et mouillée plaquée sur chaque joue. Josée, tel un papillon, descendait toujours en jupon de soie et veste kimono.

---

jours suivi du verbe en -ing. **I avoid eating sugar** : *j'évite de manger du sucre.*

10. **to bow** : *faire la révérence, saluer, s'incliner.* Aussi, **to take a bow** : *saluer* (à la fin d'un spectacle). **She bowed her head** : *elle baissa la tête.*

11. **to put, put, put** : *placer* ; **to put up** : *dresser* ; **to put off** : *remettre à plus tard.*

12. **it's no use,** suivi d'un verbe en -ing. **It was no use telling him** : *cela ne servait à rien de lui dire.* A la forme interrogative : **what's the use of running ?** *à quoi ça sert de courir ?*

13. sing. : **man** ; employé dans le sens de **workmen** : *ouvriers.*

14. **curl (of hair)** : *boucle* (de cheveux) ; **dark-haired** : *aux cheveux bruns* ; **fair-haired** : *blond.*

15. **to stamp** : *marquer, imprimer, timbrer* ; **to stamp a letter** : *timbrer une lettre* ; **a stamp** : *un timbre.*

"You'll have to [1] go, Laura; you're the artistic one."

Away Laura flew [2], still holding her piece of bread-and-butter. It's so delicious to have an excuse for eating out of doors [3] and, besides, she loved having to arrange things; she always felt [4] she could do it so much better than anybody else.

Four men in their shirt-sleeves stood grouped together on the garden path. They carried staves covered with rolls of canvas and they had big tool-bags slung [5] on their backs. They looked impressive. Laura wished now that she was not holding that piece of bread-and-butter [6], but there was nowhere to put it and she couldn't possibly throw [7] it away. She blushed [8] and tried to look severe and even a little bit short-sighted [9] as she came up to them.

"Good morning," she said, copying her mother's voice. But that sounded so fearfully affected that she was ashamed, and stammered like a little girl, "Oh –er– have you come – is it about the marquee?"

"That's right, miss," said the tallest of the men, a lanky, freckled fellow [10], and he shifted his tool-bag, knocked back his straw hat and smiled down [11] at her. "That's about it."

His smile was so easy, so friendly, that Laura recovered [12]. What nice eyes he had, small, but such a dark blue! And now she looked at the others, they were smiling too. "Cheer up [13], we won't bite [14]," their smile seemed to say. How very nice workmen were! And what a beautiful morning!

---

1. **to have to** : *devoir*. Obligation généralement imposée de l'extérieur. I must go : *je dois aller*, correspond à une obligation que l'on s'impose à soi-même.
2. **to fly, flew, flown** : *voler, filer*.
3. **out of doors** : *à l'extérieur* ; **indoors** : *à l'intérieur*.
4. **to feel, felt, felt** : *sentir, avoir l'impression*. Souvent employé pour *penser*.
5. **to sling, slung, slung** : *lancer*, et aussi *suspendre*. Cf. **to have one's arm in a sling** : *avoir le bras en écharpe*.
6. **a piece of bread-and-butter** : *un morceau de pain beurré, une tartine* ; **to know which way your bread is buttered** : *connaître son intérêt*.
7. **to throw, threw, thrown** : *jeter*.
8. **to blush** : *rougir* ; aussi : **to redden**.
9. **a little bit** : forme familière pour **a little**, qui signifie littérale-

« C'est à toi d'y aller, Laura ; c'est toi l'artiste. »

Laura s'envola, tenant encore à la main sa tartine. C'est si délicieux d'avoir un prétexte pour manger dehors, et, de plus, elle adorait qu'on lui demande d'organiser les choses ; elle avait toujours l'impression de pouvoir le faire bien mieux que les autres.

Il y avait un groupe de quatre hommes en bras de chemise dans l'allée du jardin. Ils portaient des piquets et des rouleaux de toile et, sur le dos, de gros sacs d'outils. Ils étaient impressionnants.

Laura aurait bien voulu maintenant ne pas avoir cette tartine à la main, mais elle ne savait pas où la mettre et il n'était absolument pas question de la jeter. En allant vers eux, elle rougit et s'efforça de prendre l'air sévère et même un peu myope.

« Bonjour », dit-elle, imitant la voix de sa mère, mais cela lui parut si horriblement affecté qu'elle en eut honte et se mit à bégayer comme une petite fille, « Oh... euh... vous êtes venus... pour... est-ce que c'est pour la tente ? »

« C'est cela, mademoiselle », dit le plus grand, un maigre avec des taches de rousseur. Il déplaça son sac d'outils, repoussa son chapeau de paille, et lui sourit. « C'est bien ça. »

Son sourire était si spontané, si amical que Laura reprit confiance. Qu'il avait de beaux yeux, petits, mais d'un bleu si profond ! Et lorsqu'elle regarda les autres, elle vit qu'ils souriaient aussi. « Courage, on ne va pas vous manger », semblait dire leur sourire. Qu'ils étaient donc gentils, les ouvriers ! Et quelle belle matinée !

---

ment un petit morceau. **A bit sad** : un peu triste. **Short-sighted** : myope ; **long-sighted** : presbyte ; **far-sighted** : qui voit loin, prévoyant.

10. **fellow** : gars, bonhomme, camarade ; cf. **school-fellow** : camarade de classe (**school-mate**, même sens ; cf. n. 11, p. 19).

11. **smiled down**, parce qu'il est plus grand qu'elle. On aurait : **she smiled up at him**.

12. **to recover** : reprendre ses esprits ; aussi : se rétablir, après une maladie. Subst. **recover** : rétablissement.

13. **cheer up** : remettez-vous ; **to cheer someone up** : consoler quelqu'un ; **three cheers for...** : trois hourras pour... Adj. **cheerful** : joyeux ; **cheerless** : sans joie.

14. **to bite, bit, bitten** : mordre.

She mustn't mention[1] the morning; she must be business-like[2]. The marquee[3].

"Well, what about the lily-lawn? Would that do[4]?"

And she pointed to the lily-lawn with the hand that didn't hold the bread-and-butter. They turned, they stared[5] in the direction. A little fat chap thrust[6] out his underlip and the tall fellow frowned.

"I don't fancy[7] it," said he. "Not conspicuous[8] enough. You see, with a thing like a marquee" – and he turned to Laura in his easy way – "you want to put it somewhere where it'll give you a bang slap[9] in the eye if you follow me."

Laura's upbringing[10] made her wonder[11] for a moment whether it was quite respectful of a workman to talk to her of bangs slap in the eye. But she did[12] quite follow him.

"A corner of the tennis-court," she suggested. "But the band's going to be in one corner."

"H'm, going to have a band, are you?" said another of the workmen. He was pale. He had a haggard look as his dark eyes scanned the tennis-court. What was he thinking?

"Only a very small band," said Laura gently. Perhaps he wouldn't mind[13] so much if the band was quite small. But the tall fellow interrupted.

"Look here, miss, that's the place. Against those trees. Over there. That'll do fine."

Against the karakas. Then the karaka trees would be hidden[14]. And they were so lovely, with their broad, gleaming[15] leaves, and their clusters of yellow fruit.

---

1. **to mention :** *faire allusion à* ; **don't mention it :** *pas de quoi* (en réponse à des remerciements).
2. **business** ['biznis] **-like :** m. à m. *comme quelqu'un dans les affaires, efficace* ; adj. **busy :** *occupé*.
3. **marquee :** *marquise, grande tente pour une fête*.
4. **would that do ? :** forme atténuée de **will that do ? :** *cela ira-t-il ?* ; **it won't do :** *cela n'ira pas, ne fera pas l'affaire*.
5. **to stare :** *regarder fixement* ; **to glare :** *regarder avec colère*.
6. **to thrust, thrust, thrust :** *pousser* ; avec **out :** *faire ressortir* ; avec **in :** *faire rentrer* ; avec **off :** *rejeter*.
7. **to fancy something :** *aimer quelque chose* ; **it took my fancy :** *cela m'a plu*. **Fancy,** subst., signifie : *imagination, fantaisie* ; **fanciful,** adj. : *fantaisiste*.
8. **conspicuous :** *voyant, qui attire l'attention*.

Mais il ne fallait pas parler du temps ; il fallait en venir au but. La tente.

« Eh bien, que pensez-vous de la pelouse aux lis ? Est-ce que cela irait ? »

Et, de la main qui ne tenait pas la tartine, elle indiqua la pelouse en question. Ils se tournèrent pour regarder dans cette direction. Un petit gros fit la moue, et le grand fronça les sourcils.

« Ça ne me plaît pas, dit-il. Ça n'attire pas assez le regard — et il se tourna vers Laura d'un air dégagé —, faut la mettre quelque part où elle vous tape en plein dans l'œil, si vous voyez ce que je veux dire. »

En jeune fille bien élevée, Laura se demanda un instant si ce n'était pas un peu irrespectueux, venant d'un ouvrier, de lui parler ainsi de taper dans l'œil. Mais elle voyait parfaitement ce qu'il voulait dire.

« Au bout du court de tennis ? suggéra-t-elle. Mais il y aura l'orchestre dans un coin. »

« Hmm, alors vous allez avoir un orchestre ? » dit un autre des ouvriers. Il était pâle. L'air égaré, il scrutait de ses yeux sombres le court de tennis. Qu'en pensait-il ?

« Rien qu'un tout petit orchestre », dit Laura doucement. Peut-être que cela le frapperait moins s'il ne s'agissait que d'un tout petit orchestre. Mais le grand intervint.

« Regardez, mademoiselle, voilà ce qu'il faut. Contre les arbres, là-bas. Ça sera parfait. »

Contre les karakas. Mais alors les karakas seraient cachés. C'étaient de si beaux arbres, avec leurs larges feuilles luisantes, et leurs grappes de fruits jaunes.

---

9. familier : *un coup en plein dans l'œil*. **Slap,** adv. : *en plein* ; **slap in the middle** : *en plein milieu*.
10. **upbringing** : *éducation* ; **well brought-up** : *bien élevé*, du verbe **to bring (brought, brought) up** : *éduquer*.
11. **to wonder** [wʌndə] : *s'interroger* ; ne pas confondre avec **to wander** [wɔndə] : *errer*.
12. forme d'insistance de **she followed him**.
13. **I don't mind** : *cela ne me fait rien* ; + v. **-ing** : **I don't mind doing...**
14. **to hide, hid, hidden** : *cacher*.
15. **to gleam** : *luire*. Autres verbes décrivant des effets de lumière atténuée : **to glitter** (éclat métallique), **to glisten** (éclat mouillé), **to glow** (éclat intermittent) ; cf. **glow-worm** : *ver luisant*.

They were like trees you imagined growing on a desert island, proud [1], solitary, lifting their leaves and fruits to the sun in a kind of silent splendour. Must they be hidden by a marquee?

They must. Already the men had shouldered [2] their staves and were making for [3] the place. Only the tall fellow was left. He bent down, pinched a sprig [4] of lavender, put his thumb and forefinger to his nose and snuffed [5] up the smell. When Laura saw that gesture she forgot all about the karakas in her wonder at him caring for things [6] like that – caring for the smell of lavender. How many men that she knew would have done such a thing. Oh, how extraordinarily nice workmen were, she thought. Why couldn't she have workmen for friends rather than the silly boys she danced with and who came to Sunday night supper? She would get on [7] much better with men like these.

It's all the fault, she decided, as the tall fellow drew [8] something on the back of an envelope, something that was to be looped up or left to hang, of these absurd class distinctions. Well, for her part, she didn't feel them. Not a bit, not an atom... And now there came the chock-chock [9] of wooden hammers [10]. Someone whistled, someone sang out, "Are you right there, matey [11]?" "Matey!" The friendliness of it, the –the– Just to prove how happy she was, just to show the tall fellow how at home [12] she felt, and how she despised stupid conventions, Laura took a big bite of her bread-and-butter as she stared at the little drawing. She felt just like a work-girl.

---

1. cf. **pride** : *fierté*.
2. **to shoulder** : *mettre sur ses épaules*, et aussi : **to shoulder your way through a crowd** : *se frayer un chemin dans une foule à coups d'épaule* ; **to be broad-shouldered** : *avoir les épaules larges*.
3. **to make for** : *se diriger vers* ; **to make off** : *s'éloigner*.
4. **a sprig** : *un brin* ; **twig** : *brindille*.
5. **to snuff** : *priser* ; **snuff** : *tabac à priser* ; **to sniff** : *respirer, renifler*. Il respire la lavande comme s'il prisait du tabac.
6. **her wonder at him caring for things** : on pourrait remplacer toute la proposition par un substantif : **her wonder at his attitude**. On pourrait également avoir : **her wonder at his caring for...** Cela montre la fonction à la fois nominale (précédée d'un adj. possessif) et verbale (suivie de compléments) de la forme en -ing.
7. **to get on with someone** : s'entendre avec quelqu'un ; **to get**

Ils étaient comme on imagine les arbres d'une île déserte, fiers, solitaires, dressant leurs feuilles et leurs fruits vers le soleil dans une sorte de splendeur silencieuse. Fallait-il les cacher derrière une tente ?

Il le fallait. Les ouvriers avaient déjà mis les piquets sur leurs épaules et se dirigeaient vers l'endroit. Seul restait le grand. Il se pencha, froissa un brin de lavande entre le pouce et l'index qu'il porta à son nez pour en respirer le parfum. Quand Laura observa ce geste, elle oublia complètement les karakas, émerveillée de voir qu'il appréciait de telles choses, qu'il appréciait l'odeur de la lavande. Parmi les hommes qu'elle connaissait, combien auraient agi de cette façon ? Oh, que les ouvriers étaient charmants, extraordinairement charmants, pensa-t-elle. Pourquoi n'avait-elle pas pour amis des ouvriers plutôt que ces garçons stupides avec qui elle allait danser, ou qui venaient dîner le dimanche ? Elle s'entendrait bien mieux avec ce genre d'hommes.

Tout cela, se dit-elle finalement, tandis que le grand dessinait quelque chose au dos d'une enveloppe, quelque chose qui devait s'accrocher ou pendre, tout cela venait de ces absurdes distinctions de classes. Eh bien, quant à elle, elle ne les sentait absolument pas. Mais alors, pas du tout... Puis elle entendit le toc-toc des maillets de bois. Quelqu'un siffla, quelqu'un cria : « Ça va là-bas, mon vieux ? » « Mon vieux ! » Que c'était amical ! Que c'était... Rien que pour montrer combien elle était heureuse, pour prouver au grand gars combien elle se sentait à l'aise, et méprisait toutes ces stupides conventions, Laura mordit sa tartine à belles dents, tout en regardant le petit dessin. Elle se sentait tout à fait comme une ouvrière.

---

on well : *s'entendre bien* ; d'où to get on better : *s'entendre mieux*, et best : *le mieux*.

8. to draw, drew, drawn : ici *dessiner* (a drawing : *un dessin*). Ce verbe a beaucoup d'autres sens : *tirer, attirer, s'approcher*, et peut être employé de façon transitive et intransitive.

9. onomatopée pour le bruit des marteaux ; chock-a-block : *plein à craquer* (aussi chock-full).

10. to hammer : *marteler* ; to hammer an idea into someone's head : *faire entrer de force une idée dans la tête de quelqu'un*.

11. appellation familière, pour mate : *camarade* ; cf. room-mate : *compagnon de chambre*. Mate signifie aussi : *époux, épouse*.

12. at home est traité ici comme un adjectif, précédé de l'exclamation how, cf. how happy she was ; to feel at home, to feel at ease : *se sentir à l'aise*.

"Laura, Laura, where are you? Telephone, Laura!" a voice cried from the house.

"Coming!" Away[1] she skimmed, over the lawn, up the path, up the steps, across the veranda and into the porch. In the hall her father and Laurie were brushing their hats ready to go to the office.

"I say, Laura," said Laurie very fast, "you might just give[2] a squiz[3] at my coat before this afternoon. See if it wants pressing."

"I will," said she. Suddenly she couldn't stop herself. She ran at Laurie and gave him a small, quick squeeze. "Oh, I do love[4] parties, don't you?" gasped Laura.

"Ra-ther[5]," said Laurie's warm, boyish[6] voice, and he squeezed his sister too and gave her a gentle push. "Dash off[7] to the telephone, old girl."

The telephone. "Yes, yes; oh yes. Kitty? Good morning, dear. Come to lunch? Do[8], dear. Delighted, of course. It will only be a very scratch[9] meal — just the sandwich crusts and broken meringue-shells and what's left over. Yes, isn't it a perfect morning? Your white? Oh, I certainly should. One moment — hold the line[10]. Mother's calling." And Laura sat back. "What, mother? Can't hear."

Mrs. Sheridan's voice floated down the stairs. "Tell her to wear that sweet hat she had on last Sunday."

"Mother says you're to wear that *sweet* hat you had on last Sunday. Good. One o'clock. Bye-bye."

---

1. **away, over, up, across, into** : série de particules adverbiales définissant **to skim** : *filer* (m. à m. *filer à la surface* ; cf. **to skim the milk** : *écrémer le lait*), que l'on traduit par des verbes ; **to skim** indiquant la façon dont elle traverse, franchit, etc.
2. **you might just give** : modal de politesse. On remplace un commandement trop brutal par une suggestion amicale.
3. expression familière, un peu datée, pour *un coup d'œil* ; à distinguer de **to squeeze** [skwi:z] : *serrer*. Voir plus bas **a small, quick squeeze** : *petite étreinte rapide*.
4. **I do love** : forme d'insistance.
5. **rather** : familier et daté ; ici, *et comment*. Adv. qui indique la préférence : **I would rather buy a car** : *je préférerais acheter une voiture* (toujours avec l'infinitif sans **to**) ; **rather** traduit aussi : *un peu, plutôt* ; **rather clever** : *assez* ou *plutôt intelligent*.
6. **boyish** : *comme d'un jeune garçon* ; **-ish**, suffixe de formation d'adj. ; **girlish** : *de jeune fille* ; **foolish** : *stupide*.

« Laura, Laura, où es-tu ? Téléphone, Laura ! » cria une voix de la maison.

« J'arrive ! » Elle s'élança, traversa la pelouse, remonta l'allée, gravit les marches, franchit la véranda, et s'engouffra sous le porche. Dans le hall, son père et Laurie brossaient leurs chapeaux, prêts à partir pour le bureau.

« Dis-moi, Laura, s'exclama son frère, tu pourrais peut-être jeter un petit coup d'œil sur ma veste avant cet après-midi. Vois si elle a besoin d'être repassée. »

« D'accord », dit-elle. Soudain, ce fut plus fort qu'elle. Elle courut vers Laurie et le serra un instant dans ses bras. « Ah, que j'aime les fêtes ! » s'écria-t-elle, tout excitée. « Pas toi ? »

« Et comment ! » dit Laurie, de sa voix jeune et chaleureuse. « File au téléphone, ma vieille. »

Au téléphone. « Oui, oui, oh oui. Kitty ? Bonjour, ma chérie. Venir déjeuner ? D'accord, chérie. Enchantée, bien sûr. Ce sera à peine un repas. Rien que des restes, des bouts de canapés et des miettes de meringues. Oui, c'est une journée parfaite, n'est-ce pas ? Ta blanche ? Moi, c'est ce que je mettrais. Un instant, maman m'appelle. » Et Laura éloigna l'écouteur et se pencha en arrière. « Quoi, maman ? Je n'entends rien. »

La voix de Mme Sheridan lui parvint de l'étage. « Dis-lui de mettre le joli chapeau qu'elle portait dimanche dernier. »

« Maman te fait dire de mettre le si joli chapeau que tu portais dimanche. Une heure. Au revoir. »

---

7. **to dash off** : *partir rapidement*. Peut aussi être employé de façon transitive : **to dash off a letter** : *écrire rapidement une lettre* ; **to dash something to pieces** : *briser quelque chose en mille morceaux* ; subst. **dash** : *élan, mouvement brusque*.

8. **do** : **do come to lunch**, forme emphatique.

9. **scratch** : *élémentaire* ; cf. **he's not up to scratch** : *il n'est pas à la hauteur*.

10. **hold the line** : *ne raccrochez pas* (au téléphone).

Laura put back the receiver, flung[1] her arms over her head, took a deep breath, stretched and let them fall. "Huh," she sighed, and the moment after the sigh she sat up quickly. She was still, listening[2]. All the doors in the house seemed to be open. The house was alive[3] with soft, quick steps and running voices. The green baize door[4] that led to the kitchen regions swung open and shut with a muffled thud[5]. And now there came a long, chuckling[6] absurd sound. It was the heavy piano being moved on its stiff castors. But the air! If you stopped to notice, was the air always like this? Little faint winds were playing chase[7] in at the tops of the windows, out at the doors. And there were two tiny spots[8] of sun, one on the inkpot, one on a silver photograph frame, playing too. Darling little spots. Especially the one on the inkpot lid. It was quite warm. A warm little silver star. She could have kissed it.

The front door bell pealed[9] and there sounded the rustle[10] of Sadie's print skirt on the stairs. A man's voice murmured; Sadie answered, careless[11], "I'm sure I don't know. Wait. I'll ask Mrs. Sheridan."

"What is it, Sadie?" Laura came into the hall.

"It's the florist, Miss Laura."

It was, indeed. There, just inside the door, stood a wide, shallow[12] tray full of pots of pink lilies. No other kind. Nothing but[13] lilies – canna lilies, big pink flowers, wide open[14], radiant, almost frighteningly alive on bright crimson stems.

---

1. **to fling, flung, flung** : *jeter*.
2. **she was still, listening**. Importance de la ponctuation ; la virgule montre qu'il s'agit de l'adj. **still** : *tranquille, immobile*, et non de l'adv. **still** : *encore*. **She was still listening** : *elle écoutait encore*.
3. **alive** : *vivante, animée* ; ≠ **dead** : *mort* ; **the live** [laiv] **and the dead** : *les vivants et les morts*, ou **the quick and the dead** ; **to live** [liv] : *vivre*.
4. **green baize door** : porte capitonnée séparant traditionnellement, dans les demeures bourgeoises, l'office et la cuisine du reste de la maison. N'existe plus guère maintenant.
5. **thud** : *bruit sourd*. **To muffle** : *étouffer* ; **a muffler** : *une écharpe*.
6. **to chuckle** : *glousser, pouffer* ; **chuckle** : *petit rire*. Autre façon de décrire le rire : **to laugh** [la:f], **to burst out laughing** : *éclater de rire* ; **to smile, to grin** : *sourire* ; **to sneer** : *ricaner*.
7. **to play chase** : *jouer à se poursuivre* ; **to play hide and seek** : *jouer à cache-cache*.

Laura raccrocha, leva les bras au-dessus de sa tête, respira profondément, s'étira, les laissa retomber. « Ah », soupira-t-elle, et aussitôt après, elle se redressa vivement. Elle écouta, immobile. Toutes les portes de la maison semblaient ouvertes. La maison était parcourue de pas légers et vifs et de voix pressées. La porte capitonnée qui menait vers la région des cuisines s'ouvrait et se fermait avec un bruit assourdi. Puis il y eut une sorte d'absurde et long ricanement : c'était le lourd piano qu'on poussait sur ses roulettes grinçantes. Mais l'air ! Si l'on y prêtait attention, l'air était-il toujours comme cela ? Des petits vents légers jouaient à se poursuivre, se faufilant par le haut des fenêtres, sortant par les portes. Et il y avait deux toutes petites taches de soleil, l'une sur l'encrier, l'autre sur le cadre d'argent d'une photographie, qui jouaient aussi. Adorables petites taches. Surtout celle sur l'encrier. Elle était toute chaude. Une chaude petite étoile d'argent. Elle l'aurait embrassée.

La cloche de l'entrée sonna et l'on entendit dans l'escalier le bruissement de la jupe d'indienne de Sadie. Une voix d'homme murmura ; Sadie répondit avec insouciance :

« Ma foi, je n'en sais rien. Attendez. Je vais demander à Mme Sheridan. »

« Qu'est-ce que c'est, Sadie ? » Laura entra dans le hall.

« C'est le fleuriste, mademoiselle Laura. »

C'était bien lui. Là, juste à la porte, il y avait un grand plateau peu profond rempli de pots de lis roses. Rien d'autre. Rien que des cannas, de grandes fleurs roses, épanouies, radieuses, vivantes presque à faire peur, sur des tiges d'un pourpre éclatant.

---

8. **tiny** [taini] : *minuscule*. **Spot** : *petit tache ; bouton* (sur la figure). Expression idiomatique : **the man on the spot** : *l'homme sur place* ; **an on-the-spot broadcast** : *une émission sur place* ; **on the spot** veut dire aussi : *immédiatement* ; **to spot someone** : *apercevoir, repérer quelqu'un*.

9. **to peal** : *sonner, carillonner* ; et aussi **a peal of laughter** : *un éclat de rire* ; **to toll** : *sonner le glas* ; **to tinkle** : *tinter*.

10. **rustle** : *bruissement* ; **to rustle papers** : *froisser des papiers*.

11. **careless** : *indifférent* ≠ **careful** : *soigneux, prudent*. **Be careful** : *faites attention* ; **care** veut dire aussi : *souci*, donc **to take care** : *faire attention, se soucier de quelque chose, s'occuper de* ; **carefree** : *insouciant* ; **careworn** : *accablé de soucis*.

12. **shallow** : *peu profond, superficiel* ≠ **deep** : *profond*.

13. **nothing but** : *rien que*.

14. **wide open** : **wide** a ici une fonction d'adv. et renforce l'adj. ; cf. **wide awake** : *tout à fait éveillé*, qui s'oppose à **fast asleep** : *profondément endormi*.

"O-oh, Sadie!" said Laura, and the sound was like a little moan. She crouched down as if to warm herself at that blaze [1] of lilies; she felt they were in her fingers, on her lips, growing in her breast.

"It's some mistake [2]," she said faintly. "Nobody ever ordered so many. Sadie, go and find [3] mother."

But at that moment, Mrs. Sheridan joined them.

"It's quite right [4]," she said calmly. "Yes, I ordered them. Aren't they lovely?" She pressed Laura's arm. "I was passing the shop yesterday, and I saw them in the window [5]. And I suddenly thought for once [6] in my life I shall have enough [7] canna lilies. The garden-party will be a good excuse."

"But I thought you said you didn't mean to [8] interfere," said Laura. Sadie had gone. The florist's man was still outside at his van. She put her arm round her mother's neck and gently, very gently, she bit her mother's ear.

"My darling child, you wouldn't like a logical mother, would you? Don't do that. Here's the man."

He carried more lilies still, another whole tray.

"Bank [9] them up, just inside the door, on both sides [10] of the porch, please," said Mrs. Sheridan. "Don't you agree, Laura?"

"Oh, I *do*, mother."

In the drawing-room [11] Meg, Jose and good little Hans had at last succeeded [12] in moving the piano.

---

1. **to blaze** : *brûler, briller très fort* ; **a blazing fire** : *un grand feu* ; **her eyes were blazing with anger** ; *ses yeux brillaient de colère*.
2. **to make a mistake** : *faire une erreur* ; verbe : **to mistake, mistook, mistaken** ; **she mistook him for someone else** : *elle l'a pris* (par erreur) *pour quelqu'un d'autre*.
3. le verbe qui suit **go** ou **come** est le plus souvent précédé de **and** (**come and see me** : *viens me voir* ; **go and do it** : *va le faire*), surtout aux temps formés avec l'infinitif. Au prétérit, on trouvera plutôt **he came to see me, he went to do it**.
4. **quite** renforce **right** : *tout à fait juste*. A distinguer de l'adj. **quiet** : *calme, silencieux* ; **be quiet** [kwaɪət] : *taisez-vous*.
5. **(shop) window** : *vitrine* ; sinon **window** : *fenêtre*.
6. **once** : *une fois* ; **twice** : *deux fois* ; **thrice**, ou **three times** : *trois fois* ; puis **four times**, etc.
7. **enough** [i'nʌf] : *suffisamment*.

« O-Oh, Sadie ! » dit Laura dans un soupir, presque un petit gémissement. Elle s'accroupit comme pour se chauffer à ce flamboiement de cannas ; elle les sentait dans ses doigts, sur ses lèvres, ils poussaient dans sa poitrine.

« Il doit y avoir une erreur, dit-elle d'une voix faible. Personne n'en a jamais commandé autant. Sadie, va chercher maman. »

Mais, à cet instant, Mme Sheridan les rejoignit.

« C'est parfait, dit-elle calmement. Oui, c'est moi qui les ai commandés. Ils sont superbes, n'est-ce pas ? » Elle serra le bras de Laura. « Je passais devant le magasin hier et je les ai vus dans la vitrine. Je me suis dit tout à coup, une fois dans ma vie, j'aurai tous les cannas que je veux. La garden-party sera une excellente excuse. »

« Mais je croyais que tu ne devais pas t'en mêler », dit Laura. Sadie avait disparu. Le fleuriste était dehors près de sa camionnette. Elle mit son bras autour du cou de sa mère, et doucement, tout doucement, elle lui mordit l'oreille.

« Ma chère enfant, tu ne voudrais pas d'une mère trop raisonnable, n'est-ce pas ? Ne fais pas ça. Voilà le livreur. »

Il portait encore des cannas, tout un autre plateau.

« Placez-les juste à l'intérieur de la porte, des deux côtés du porche, s'il vous plaît, dit Mme Sheridan. Tu n'es pas d'accord, Laura ? »

« Oh, si, maman. »

Dans le salon, Meg, Josée et le gentil petit Hans avaient enfin réussi à déplacer le piano.

---

8. **to mean to :** *avoir l'intention de* ; **I meant to come yesterday :** *j'avais l'intention de venir hier.* A aussi le sens de *signifier, vouloir dire* : **what does it mean ?** *qu'est-ce que cela veut dire ?*
9. **to bank up :** *mettre en tas* ; **bank :** *bord, remblai* ; **snow-bank :** *talus de neige.*
10. **on both sides :** *des deux côtés* ; **on each side, on either side :** *de chaque côté.*
11. **drawing-room :** *pièce de réception, salon.* A l'origine, **with-drawing-room** (du verbe **to withdraw :** *retirer*) : *pièce où l'on se retirait avec les invités* ; **smoking-room :** *fumoir.*
12. **to succeed in doing something :** *réussir à faire quelque chose.*

25

"Now, if we put this chesterfield [1] against the wall and move everything out of the room except the chairs, don't you think?"

"Quite."

"Hans, move these tables into the smoking-room, and bring a sweeper to take these marks off the carpet and —one moment, Hans—" Jose loved giving [2] orders to the servants and they loved obeying her. She always made [3] them feel they were taking part in some drama [4]. "Tell mother and Miss Laura to come here at once [5]."

"Very good, Miss Jose."

She turned to Meg. "I want to hear what the piano sounds [6] like, just in case I'm asked to sing this afternoon. Let's try over 'This Life is Weary.'"

Pom! Ta-ta-ta *Tee*-ta! The piano burst out [7] so passionately that Jose's face changed. She clasped her hands. She looked mournfully [8] and enigmatically at her mother and Laura as they came in.

> This Life is *Wee*-ary [9],
> A Tear —a Sigh [10].
> A Love that *Chan*-ges,
> This Life is *Wee*-ary,
> A Tear —a Sigh.
> A Love that *Chan*-ges,
> And then... Good-bye!

---

1. **chesterfield** : canapé très rembourré de style typiquement anglais.
2. **to love** se construit soit avec l'infinitif, soit avec le verbe à la forme -ing ; **she loved giving** ou **she loved to give** : *elle aimait donner*.
3. **to make someone do** : *faire faire*. On emploie l'infinitif simple dans la proposition infinitive qui suit ce verbe causatif, mais à la voix passive, on rétablit l'infinitif avec to : **he was made to sing** : *on l'obligea à chanter*.
4. **drama** ['dra:mə] : *pièce de théâtre, drame* ; adj. : **dramatic**.
5. **at once** : *immédiatement*.
6. **to sound** : *sonner, retentir*, et aussi *donner l'impression par le son, sembler*. **You sound like your mother** : *on dirait ta mère...* **It sounds as though you were ill** : *on dirait que tu es malade*.
7. **to burst, burst, burst** : *éclater*. **It burst out playing** : *il commença à jouer*.

« Et si nous mettions ce canapé contre le mur, et si nous sortions tous les meubles de la pièce sauf les chaises ? Qu'en pensez-vous ? »

« Parfait. »

« Hans, mettez ces tables dans le fumoir et apportez un balai pour enlever ces marques sur le tapis et... un moment, Hans ! » Josée adorait diriger les domestiques, et ils adoraient lui obéir. Elle leur donnait toujours l'impression qu'ils jouaient dans une pièce de théâtre. « Dites à ma mère et à mademoiselle Laura de venir ici tout de suite. »

« Très bien, mademoiselle Josée. »

Elle se tourna vers Meg. « J'aimerais entendre le piano, au cas où on me demanderait de chanter cet après-midi. Essayons "Quelle triste vie". »

Pom ! Ta-ta-ta-ti-ta ! Le piano résonna soudain avec une telle vigueur que Josée changea d'expression. Elle joignit les mains. Elle lança un regard énigmatique et triste vers Laura et sa mère qui entraient.

> Quelle triste vie-ie
> Une larme, un soupir
> L'amour qui chan-ange
> Quelle triste vie-ie
> Une larme, un soupir
> L'amour qui chan-ange
> Et puis... adieu

---

8. **mournful** : *triste* ; verbe **to mourn** : *pleurer* (un mort) ; **to be in mourning** : *être en deuil*.
9. **weary** [wɪərɪ] ; **weariness** : *lassitude*.
10. **a tear** [tɪə] : *une larme* ; **tearful** : *éploré*. Distinguer de **to tear** [teə], **tore, torn** : *déchirer* ; **a sigh** rime avec **good-bye** dans la chanson ; **to sigh for** ou **after something** : *soupirer après quelque chose*.

But at the word "Good-bye," and although the piano sounded more desperate than ever, her face broke [1] into a brilliant, dreadfully [2] unsympathetic [3] smile.

"Aren't I in good voice, mummy?" she beamed [4].

> This Life is *Wee*-ary,
> Hope comes to Die.
> A Dream – a *Wa*-kening.

But now Sadie interrupted them. "What is it, Sadie?"

"If you please, m'm, cook says have you got the flags [5] for the sandwiches?"

"The flags for the sandwiches, Sadie?" echoed Mrs. Sheridan dreamily. And the children knew by her face that she hadn't got them. "Let me see [6]." And she said to Sadie firmly, "Tell cook I'll let her have them in ten minutes."

Sadie went.

"Now, Laura," said her mother quickly, "come with me into the smoking-room. I've got the names somewhere [7] on the back [8] of an envelope. You'll have to write them out for me. Meg, go upstairs this minute and take that wet thing off [9] your head. Jose, run and finish dressing this instant. Do you hear me, children, or shall I have to tell your father when he comes home to-night? And –and, Jose, pacify cook if you do go into the kitchen, will you? I'm terrified of her this morning."

---

1. **to break (broke, broken) into a smile** : m. à m. *éclater en un sourire*.

2. **dreadfully** (ou **awfully**) : *terriblement*. Dans l'ordre de la peur, on va de **fear** à **fright**, à **dread** et **terror**, de la *simple peur* à la *terreur*. **Awe** traduit l'idée d'*horreur presque sacrée*. Les adv. sont employés de façon très affaiblie dans la conversation pour renforcer un autre adj.

3. **unsympathetic** : *sans sympathie*, ici : *qui n'est pas en accord* avec la chanson. **Sympathetic** : *plein de sympathie, de compassion*. Se méfier de ce faux ami : *sympathique* en français se traduit par **nice**.

4. cf. **sun-beams** : *rayons de soleil*. **Beaming eyes** : *regard plein de joie*.

5. **flag** : *drapeau* ; il s'agit ici de petits cartons portant la description des canapés pour la réception.

Mais avec le mot « adieu », bien que le piano fût plus désespéré que jamais, un sourire éclatant, terriblement déplacé, illumina son visage.

« Ne suis-je pas en voix, maman ? » demanda-t-elle, rayonnante.

> Quelle triste vie-ie
> L'espoir vient à mourir
> Un rêve... un réveil.

Mais Sadie les interrompit. « Qu'est ce qu'il y a, Sadie ? »

« S'il vous plaît, madame, la cuisinière demande si vous avez les petites étiquettes pour les canapés. »

« Les étiquettes pour les canapés ? » répéta rêveusement Mme Sheridan. Et les enfants virent à sa figure qu'elle ne les avait pas. « Voyons. » Elle s'adressa à Sadie d'une voix ferme : « Dites à la cuisinière que je les lui donnerai dans dix minutes. »

Sadie s'en alla.

« Allons, Laura, dit sa mère vivement. Viens avec moi dans le fumoir. J'ai les noms quelque part sur le dos d'une enveloppe. Il faudra que tu me les recopies. Meg, monte immédiatement enlever cette chose mouillée que tu as sur la tête. Josée, va vite finir de t'habiller. Vous m'entendez les enfants, ou bien faudra-t-il que j'en parle à votre père quand il rentrera ce soir ? Et... et Josée, calme la cuisinière si tu vas la voir, tu veux bien ? J'en ai une peur bleue ce matin. »

---

6. **let me see** : m. à m. *laissez-moi voir* ; to let + infinitif sans to, **I'll let her have them** : m. à m. *je la laisserai les avoir*, autrement dit : *je les lui ferai parvenir*. Cf. l'expression **to let go** : *lâcher, lâcher prise* ; **he let go the rope** : *il lâcha la corde*. **To let** peut également être suivi d'une particule adverbiale : **let in / out / off** : *laisser entrer, sortir, partir*. Il peut être verbe à sens plein : *louer* (une maison).

7. **somewhere** : *quelque part* ; **anywhere** : *n'importe où* ; **nowhere** : *nulle part*.

8. **the back** ≠ **the front** ; **to put on a pull-over back to front** : *mettre un pull-over devant derrière* ; **to put it on inside out** : *le mettre à l'envers* ; **upside down** : *sens dessus dessous*.

9. **to take something off** : *ôter quelque chose*. Aussi : **the plane took off** : *l'avion décolla* ; **prepare for take-off** : *préparez-vous au décollage*.

The envelope was found at last behind the dining-room clock, though how it had got there Mrs. Sheridan could not imagine.

"One of you children must have stolen[1] it out of my bag, because I remember vividly — cream-cheese and lemon-curd[2]. Have you done that?"

"Yes."

"Egg and —" Mrs. Sheridan held the envelope away[3] from her. "It looks like mice[4]. It can't be mice, can it?"

"Olive, pet[5]," said Laura, looking over her shoulder.

"Yes, of course, olive. What a horrible combination it sounds. Egg and olive."

They were finished at last, and Laura took them off to the kitchen. She found Jose there pacifying the cook, who did not look at all[6] terrifying.

"I have never seen such exquisite[7] sandwiches," said Jose's rapturous[8] voice. "How many kinds did you say there were, cook? Fifteen?"

"Fifteen, Miss Jose."

"Well, cook, I congratulate you."

Cook swept up crusts with the long sandwich knife[9], and smiled broadly[10].

"Godber's[11] has come," announced Sadie, issuing out of the pantry. She had seen the man pass the window.

That meant the cream puffs had come. Godber's were famous for their cream puffs. Nobody ever thought of making them at home.

---

1. **must have stolen** traduit la quasi certitude, alors que **might have stolen** renverrait à une éventualité, encore moins probable que **may have stolen**. C'est l'infinitif passé qui renvoie au passé.

2. **lemon-curd :** pâte à tartiner typiquement anglaise à base de citron, d'œuf et de sucre.

3. **to hold (held, held) away :** *tenir éloigné*. **She held it near her :** *elle le regarda de près*.

4. **mice :** pluriel de **mouse :** *souris* (cf. **louse, lice :** *pou*) ; ancien pluriel saxon.

5. **pet :** *(petit) animal familier*, d'où terme d'affection.

6. **not at all :** *pas du tout*.

7. **exquisite :** *raffiné, délicat*.

8. de **rapture :** *extase*.

On finit par trouver l'enveloppe derrière la pendule de la salle à manger ; comment elle était arrivée là, Mme Sheridan ne pouvait l'expliquer.

« Ça doit être l'une d'entre vous, les enfants, qui me l'a volée dans mon sac, car je me souviens parfaitement... fromage blanc et citron. Ça y est ? »

« Oui. »

« Œuf dur et... » Mme Sheridan éloigna un peu l'enveloppe. « On dirait "souris", ça ne peut pas être souris, n'est-ce pas ? »

« Olive, petite chérie », dit Laura, regardant par-dessus son épaule.

« Oui, bien sûr, olive. Quel horrible mélange. Œuf dur et olive. »

Enfin, elles avaient fini, et Laura les emporta à la cuisine. Elle y trouva Josée en train de calmer la cuisinière, qui n'avait pas l'air effrayant du tout.

« Je n'ai jamais vu de canapés si ravissants », dit Josée, d'une voix extasiée. Vous avez dit qu'il y en avait combien de variétés ? Quinze ? »

« Quinze, mademoiselle Josée », répondit la cuisinière.

« Eh bien, je vous félicite. »

La cuisinière rassembla les croûtes avec le long couteau à pain, et fit un large sourire.

« L'homme de chez Godber est arrivé », annonça Sadie, sortant de l'office. Elle l'avait vu passer devant la fenêtre. Cela voulait dire que les choux à la crème étaient là. Les choux à la crème de chez Godber étaient célèbres. Personne n'avait jamais songé à les faire à la maison.

---

9. pl. **knives** : *couteaux*. On trouve aussi le verbe **to knife** : *frapper d'un coup de couteau.*
10. **broad** : *large* ; **in broad daylight** : *en plein jour* ; **to speak with a broad accent** : *parler avec un accent prononcé* ; **to be broad-minded** : *avoir les idées larges.*
11. **Godber's** : sous-entendu **man** après le cas possessif ; **to go to Godber's** (shop).

"Bring them in[1] and put them on the table, my girl," ordered cook.

Sadie brought them in and went back to the door. Of course Laura and Jose were far too grown-up[2] to really care about such things. All the same, they couldn't help agreeing[3] that the puffs looked very attractive. Very. Cook began[4] arranging them, shaking off[5] the extra icing sugar.

"Don't they carry one back[6] to all one's parties?" said Laura.

"I suppose they do," said practical Jose, who never liked to be carried back. "They look beautifully light and feathery[7], I must say."

"Have one each, my dears," said cook in her comfortable voice. "Yer ma[8] won't know."

Oh, impossible. Fancy[9] cream puffs so soon after breakfast. The very idea made one shudder[10]. All the same, two minutes later Jose and Laura were licking their fingers with that absorbed inward[11] look that only comes from whipped[12] cream.

"Let's go into the garden, out by the back way," suggested Laura. "I want to see how the men are getting on with the marquee. They're such awfully nice men."

But the back door was blocked by cook, Sadie, Godber's man and Hans.

Something had happened.

---

1. **to bring in / out / up / down** : verbe avec diverses particules adverbiales.
2. **grown-up,** adj. S'emploie aussi comme substantif : **grown-ups** : *des adultes.*
3. **couldn't help agreeing** : *ne pouvaient s'empêcher d'être d'accord.*
4. **to begin, began, begun** peut être suivi du verbe en -ing ou d'un infinitif ; **she began to arrange** ou **she began arranging**. Par contre pour **to stop,** le sens change ; **he stopped talking to her** : *il s'arrêta de lui parler* ; **he stopped to talk to her** : *il s'arrêta pour lui parler.*
5. **to shake (shook, shaken) off** : *faire tomber en secouant.*
6. **to carry back** : *ramener en arrière.*
7. adj., de **feather** : *plume.* **Birds of a feather flock together** : *qui se ressemble s'assemble.*
8. **yer ma** : **your ma (mother)**, prononciation populaire.

32

« Allez les chercher et mettez-les sur la table, ma fille », commanda la cuisinière.

Sadie les apporta, puis retourna dans l'entrée. Naturellement, Laura et Josée étaient beaucoup trop grandes pour s'intéresser à de telles choses, mais elles devaient bien reconnaître que les choux avaient l'air très appétissants. Très. La cuisinière se mit à les disposer, faisant tomber d'une légère secousse l'excès de sucre glace.

« Cela n'évoque-t-il pas toutes les fêtes qu'on a connues ? » demanda Laura.

« Oui, sans doute », dit Josée, la réaliste, qui n'aimait pas les retours au passé. « Il faut avouer qu'ils ont l'air merveilleusement aériens et légers. »

« Prenez-en un chacune, mes chéries », dit la cuisinière de sa bonne voix. « Votre maman n'en saura rien. »

Oh, impossible. Des choux à la crème, si près du petit déjeuner. Rien que l'idée faisait frissonner. Pourtant, deux minutes après, Josée et Laura se léchaient les doigts avec cet air de profond recueillement que seule peut donner la crème fouettée.

« Allons dans le jardin en passant par derrière, suggéra Laura. Je veux voir où ils en sont avec la tente. Ces ouvriers sont si charmants. »

Mais la porte de derrière était bloquée par la cuisinière, Sadie, l'employé de chez Godber et Hans. Il était arrivé quelque chose.

---

9. ici verbe à l'impératif : *imaginez* ; adj. : **a fancy-dress ball** : *un bal costumé*.
10. **to shudder** : *frissonner fortement*.
11. **inward** : *tourné vers l'intérieur* ≠ **outward** : *tourné vers l'extérieur* ; **-ward** indique la direction, d'où **onward** : *en avant* ; **homeward** : *vers la maison*.
12. **to whip** : *fouetter* ; **a horse-whip** : *une badine*.

"Tuk-tuk-tuk," clucked[1] cook like an agitated hen. Sadie had her hand clapped[2] to her cheek as though she had toothache[3]. Han's face was screwed[4] up in the effort to understand. Only Godber's man seemed to be enjoying himself; it was his story[5].

"What's the matter[6]? What's happened?"

"There's been a horrible accident," said cook. "A man killed."

"A man killed! Where? How? When?"

But Godber's man wasn't going to have his story snatched from under his very nose[7].

"Know those little cottages just below here, miss?" Know them? Of course she knew them. "Well, there's a young chap living there, name of Scott, a carter. His horse shied[8] at a traction-engine, corner of Hawke Street this morning, and he was thrown out on the back of his head. Killed."

"Dead!" Laura stared at Godber's man.

"Dead when they picked him up," said Godber's man with relish[9]. "They were taking the body home as I come[10] up here." And he said to the cook, "He's left a wife and five little ones."

"Jose, come here." Laura caught hold[11] of her sister's sleeve and dragged her through the kitchen to the other side of the green baize door. There she paused and leaned against it. "Jose!" she said, horrified, "however[12] are we going to stop everything?"

---

1. **to cluck :** *caqueter comme une poule.*
2. **to clap :** *battre des mains, applaudir* ; ici : *serrer fortement.* Cf. **thunder-clap :** *coup de tonnerre.*
3. **to ache** [eɪk] : *être douloureux, faire mal* ; **headache :** *mal de tête* ; **earache :** *mal à l'oreille* ; **heartache :** *peine de cœur.*
4. **a screw :** *une vis* ; **to screw up :** *serrer comme avec une vis* ; **to screw up one's eyes :** *plisser les yeux* ; **to screw up** signifie aussi *démolir, bousiller,* dans le langage familier.
5. m. à m. : *c'était son histoire,* c'était lui qui la racontait.
6. **what's the matter ?** *qu'est-ce qu'il y a ? qu'est-ce qui ne va pas ?*
7. *il refusait qu'on lui vole son histoire là sous son nez* ; **his very nose :** *son nez même.* **I won't have it :** *je n'en veux pas,* c'est-à-dire : *je m'y oppose.* **To have** est employé ici dans son sens causatif, **to have** + complément + participe passé : **I'll have him paint**

« Tss, tss, tss », la cuisinière semblait caqueter comme une poule agitée. Sadie se tenait la joue comme si elle avait mal aux dents. Hans faisait la grimace en s'efforçant de comprendre. Seul, l'employé de chez Godber semblait jouir de la situation ; il tenait la vedette.

« Qu'est-ce qu'il y a ? Que s'est-il passé ? »

« Il y a eu un terrible accident, dit la cuisinière. Un homme a été tué. »

« Un homme tué ? Où ? Comment ? Quand ? » Mais on n'allait pas couper tous ses effets au conteur.

« Vous connaissez les petites maisons juste en dessous, mademoiselle ? » Si elle les connaissait ? Évidemment. « Eh bien, il y a là-bas un jeune homme du nom de Scott, un charretier. Son cheval a fait un écart ce matin devant un tracteur, au coin de Hawke Street, et il a été éjecté. Il s'est fracturé le crâne. Tué net. »

« Mort ! » Laura regarda fixement l'employé de chez Godber.

« Oui, mort quand on l'a relevé, dit-il d'une voix gourmande. Ils étaient en train de ramener le corps quand je suis monté. » Et il se tourna vers la cuisinière : « Il laisse une femme et cinq enfants. »

« Josée, viens ici. » Laura attrapa sa sœur par la manche, traversa la cuisine et l'entraîna de l'autre côté de la porte capitonnée. Là, elle s'arrêta et, s'appuyant contre la porte, s'écria horrifiée : « Josée, comment va-t-on s'y prendre pour tout arrêter ? »

---

my house (avec le verbe **to make** : **I'll make him paint my house**) : *je lui ferai peindre ma maison.*
8. **to shy** : *se cabrer.* Cf. l'adj. **shy** : *timide, gauche* ; **to be shy of doing something** : *ne pas oser, craindre de faire qqch.*
9. aussi **to relish** : *savourer, apprécier.*
10. il devrait dire **as I came up** (**to come, came, come**).
11. **to catch (caught, caught) hold of something** : *attraper qq chose* ; **a good hold** : *une bonne prise* ; **to have a hold over someone** : *avoir une influence, tenir qqun.*
12. **however** : renforcement de **how** ; on pourrait avoir aussi **how on earth are we going to.**

"Stop everything, Laura!" cried Jose in astonishment [1]. "What do you mean?"

"Stop the garden-party, of course." Why did Jose pretend [2]?

But Jose was still more amazed. "Stop the garden-party? My dear Laura, don't be so absurd. Of course we can't do anything of the kind. Nobody expects us to. Don't be so extravagant [3]."

"But we can't possibly [4] have a garden-party with a man dead just outside the front gate."

That really was extravagant for the little cottages were in a lane to themselves [5] at the very bottom [6] of a steep rise that led [7] up to the house. A broad road ran between. True, they were far too near. They were the greatest possible eyesore [8] and they had no right to be in that neighbourhood at all. They were little mean [9] dwellings [10] painted a chocolate brown. In the garden patches [11] there was nothing but cabbage-stalks [12], sick [13] hens and tomato cans. The very smoke coming out of their chimneys was poverty-stricken [14]. Little rags and shreds [15] of smoke, so unlike [16] the great silvery plumes that uncurled from the Sheridans' chimneys. Washerwomen lived in the lane and sweeps [17] and a cobbler and a man whose house-front was studded [18] all over with minute [19] bird-cages. Children swarmed [20].

---

1. pour exprimer l'étonnement, on se sert (graduellement plus fort) de **surprise, astonishment, amazement**.
2. **to pretend** : *faire semblant* ; cf. **to make believe**.
3. **extravagant** exprime un comportement : *dépensier, prodigue*, mais aussi une conduite excessive, d'où ici : *n'exagère pas*.
4. **we can't possibly** : *il n'y a aucune possibilité que nous*.
5. **a lane to themselves** : *un chemin pour elles seules* ; **a room to myself** : *une chambre pour moi seule*.
6. **at the bottom** : *au fond / au sommet* ≠ **at the top**. Dans cette expression, **very** est employé comme adj., dans le sens de *même* ; **the very day I saw him** : *le jour même où je l'ai vu* ; **his very words** : *ses paroles mêmes*. Il est employé le plus souvent comme adv. de renforcement : **very happy** : *très heureux*.
7. **to lead, led, led** : *mener, conduire* ; cf. **leader** : *chef*.
8. **an eyesore** : littéralement *qq chose qui fait mal aux yeux, une offense à la vue*.
9. **mean** : *misérable, méchant*. **He's mean to me** : *il est méchant avec moi, me traite durement*. Signifie également : *pingre*.

« Tout arrêter, Laura ! » s'exclama Josée, stupéfaite. « Qu'est-ce que tu veux dire ? »

« Arrêter la garden-party, bien sûr. »

Pourquoi donc Josée faisait-elle semblant de ne pas comprendre ?

Mais Josée était encore plus ébahie. « Arrêter la garden-party ? Ma pauvre Laura, ne sois pas aussi absurde. Il n'en est pas question évidemment. Personne ne nous le demande. N'exagère pas. »

« Mais enfin, on ne peut pas donner une garden-party avec un mort juste à notre porte. »

C'était vraiment exagéré, car ces petites maisons étaient dans une ruelle à l'écart, tout au bout d'une pente abrupte qui menait jusqu'à la maison. Il y avait une large route qui les séparait. C'est vrai qu'elles étaient beaucoup trop près. Elles gâchaient complètement la vue et n'auraient jamais dû se trouver là. C'étaient de vilaines petites maisons couleur chocolat. Dans leurs jardinets, il n'y avait que des choux montés, des poules malades et des boîtes de conserve de tomate. Même la fumée qui sortait de leurs cheminées sentait la misère. C'étaient des petits lambeaux de fumée déchirée si différents des grands panaches argentés qui se déployaient au-dessus des cheminées des Sheridan. Des blanchisseuses vivaient dans la ruelle, et des ramoneurs, et un cordonnier, et un homme qui avait constellé sa façade de minuscules cages d'oiseaux. Les enfants grouillaient.

---

10. **to dwell** : *habiter.*
11. **a patch** : *une pièce,* ici *un lopin de terre.* **His coat was patched** : *son manteau était rapiécé.*
12. **cabbage-stalks** : *tiges de choux.*
13. **sick** : *malade,* cf. **ill** ; **to be sea-sick** : *souffrir du mal de mer.*
14. **poverty-stricken** : *frappé de pauvreté* ; du verbe **to strike, struck** (et **stricken** : *frapper*) ; **terror-stricken** : *terrifié.*
15. **rags** : *lambeaux* ; **dressed in rags** : *vêtu de haillons* ; **tatters** a le même sens. **Shred** *petit morceau déchiré,* du verbe **to shred, shred, shred** : *déchirer* ; **he tore it to shreds** : *il le déchira en mille morceaux.*
16. **unlike** : *différent* ≠ **like** : *semblable.*
17. **a sweep** : *un ramoneur,* pour **a chimney-sweep.**
18. **to stud** : *clouter.*
19. **minute** [mai'nju:t] : *minuscule* ; cf. **tiny.**
20. **to swarm** : *fourmiller, grouiller* ; **a bee-swarm** : *un essaim d'abeilles.*

When the Sheridans were little they were forbidden to set foot there because of the revolting language and of what they might catch [1]. But since they were grown up Laura and Laurie on their prowls [2] sometimes walked through. It was disgusting and sordid. They came out with a shudder. But still one must go everywhere; one must see everything. So through they went [3].

"And just think of what the band would sound like to that poor woman," said Laura.

"Oh, Laura!" Jose began to be seriously annoyed. "If you're going to stop a band playing every time someone has an accident, you'll lead a very strenuous life. I'm every bit as sorry [4] about it as you. I feel just as sympathetic." Her eyes hardened. She looked at her sister just as she used to [5] when they were little and fighting together. "You won't bring a drunken workman back to life by being sentimental," she said softly.

"Drunk [6]! Who said he was drunk?" Laura turned furiously on Jose. She said just as they had used to say on those occasions, "I'm going straight [7] up to tell mother."

"Do [8], dear," cooed [9] Jose.

"Mother, can I come into your room?" Laura turned the big glass door-knob [10].

"Of course, child. Why [11], what's the matter [12]? What's given you [12] such a colour?" And Mrs. Sheridan turned round from her dressing-table [13]. She was trying on [14] a new hat.

---

1. **to catch** employé ici dans le sens de : *attraper* une maladie ; **it's very catching** : *c'est très contagieux*. Se dit aussi d'*une chanson dont on se souvient bien* : **a catching song**.
2. cf. le verbe **to prowl** : *s'aventurer, rôder* ; **animals prowl in the jungle** : *les animaux chassent leur proie dans la jungle* ; **on the prowl** : *en patrouille* (voitures de police).
3. la particule **through** est antéposée pour attirer l'attention. Cf. **out they came ; in they went...**
4. **I'm every bit as sorry** : construction idiomatique qui renvoie à I'm a bit sorry : *je regrette un peu*.
5. **she used to** : sous-entendu **look** ; **used to** traduit une habitude, mais c'est un vrai prétérit, donc il y a coupure avec le présent.
6. **drunk** : *ivre*, état occasionnel, alors que **drunken** signifie *ivrogne*, état habituel.

38

Quand les Sheridan étaient petits, il leur était défendu d'y mettre les pieds à cause des grossièretés qu'on y entendait, et de tout ce qu'ils risquaient d'y attraper. Mais maintenant qu'ils étaient grands, Laura et Laurie y passaient parfois au cours de leurs expéditions. C'était répugnant et sordide. Ils en sortaient en frissonnant. Mais enfin, on devait aller partout, on devait tout voir. Ils y allaient donc.

« Imagine un peu ce que penserait cette pauvre femme en entendant l'orchestre », dit Laura.

« Oh, Laura ! » Josée commençait à être sérieusement agacée. « Si tu empêches un orchestre de jouer chaque fois que quelqu'un a un accident, ta vie sera bien compliquée. Moi aussi, je compatis. » Ses yeux se firent plus durs. Elle regarda sa sœur exactement comme lorsqu'elles se disputaient quand elles étaient petites. « Ce n'est pas en étant sentimentale que tu ressusciteras un ivrogne d'ouvrier », dit-elle doucement.

« Ivrogne ? Qui a dit qu'il était ivre ? » Laura se retourna, furieuse, vers Josée et dit, comme elle avait toujours fait en de telles occasions : « Je monte tout de suite le raconter à maman. »

« Vas-y, ma chère ! » susurra Josée.

« Maman, puis-je entrer dans ta chambre ? » Laura tourna le gros bouton en verre de la porte.

« Certainement, ma petite. Eh bien, que se passe-t-il ? Qu'est-ce qui te met dans cet état ? » Mme Sheridan, qui était à sa coiffeuse, se retourna. Elle essayait un nouveau chapeau.

---

7. **straight :** *tout droit* ; **a straight line :** *une ligne droite* ≠ **a crooked line.**
8. **do :** *fais-le* ; sous-entendu : **go straight up.**
9. **to coo :** *roucouler*, employé ici de façon ironique.
10. **door-knob** [nob] : cf. **door-handle :** *poignée de porte.*
11. **why :** ici, exclamatif.
12. **what is the matter** mais **what has given you :** la forme réduite peut correspondre à différents verbes.
13. **dressing-table :** *coiffeuse, table de toilette* ; cf. **dressing-room :** *vestiaire,* ou *loge d'acteur* ; **dressing-gown :** *robe de chambre.*
14. **to try on :** *essayer* (un vêtement).

"Mother, a man's been killed," began Laura.

"*Not* in the garden?" interrupted her mother.

"No, no!"

"Oh, what a fright you gave me[1]!" Mrs. Sheridan sighed with relief[2] and took off the big hat and held it on her knees.

"But listen, mother," said Laura. Breathless[3], half choking, she told the dreadful story. "Of course, we can't have our party, can we?" she pleaded. "The band and everybody arriving. They'd hear us[4], mother; they're nearly neighbours!"

To Laura's astonishment her mother behaved just like Jose; it was harder to bear[5] because she seemed amused. She refused to take Laura seriously.

"But, my dear child, use your common sense[6]. It's only by accident we've heard of it. If someone had died there normally — and I can't understand how they keep alive in those poky little holes — we should still be having our party, shouldn't we?"

Laura had to say "yes" to that, but she felt it was all wrong[7]. She sat down on her mother's sofa and pinched the cushion frill.

"Mother, isn't it really terribly heartless of us?" she asked.

"Darling!" Mrs. Sheridan got up and came over to her, carrying the hat. Before Laura could stop her she had popped it on[8]. "My child!" said her mother, "the hat is yours. It's made for you. It's much too young for me.

---

1. **to give someone a fright** : *effrayer quelqu'un* ; **to be frightened** : *avoir peur* ; **frightful** : *effrayant, terrible*.

2. **relief** [ri'li:f] : *soulagement* ; **she was relieved** : *elle était soulagée* ; **to give/heave a sigh of relief** : *pousser un soupir de soulagement*.

3. **breathless** : *essoufflé(e)*.

4. **they'd hear us** : **they would hear us**, conditionnel.

5. **hard to bear** : *difficile à supporter*, ici au comparatif. Le contraire serait **easy to bear** ; **bearable** : *supportable* ≠ **unbearable** : *insupportable*.

6. **common sense** : *sens commun, esprit pratique*, qualité fort prisée en Angleterre, où l'on aime pourtant également l'excentricité.

« Maman, un homme a été tué », annonça Laura.
« Mais pas dans le jardin ? » interrompit sa mère.
« Non, non ! »
« Oh, tu m'as fait une de ces peurs ! » Mme Sheridan poussa un soupir de soulagement en retirant le grand chapeau qu'elle posa sur ses genoux.

« Mais, écoute, maman. » Hors d'haleine, s'étouffant à moitié, elle raconta l'horrible histoire. « Bien sûr, on ne peut pas faire notre fête, n'est-ce pas ? supplia-t-elle. Avec l'orchestre, et tout ce monde qui va venir. Ils nous entendraient. Ce sont presque nos voisins. »

Au grand étonnement de Laura, sa mère réagit tout à fait comme Josée ; c'était plus dur à supporter parce qu'elle semblait presque amusée. Elle refusait de prendre Laura au sérieux.

« Mais, ma pauvre enfant, sois raisonnable. On ne l'a appris que par hasard. Si quelqu'un là-bas était mort normalement — et je n'arrive pas à comprendre comment ils restent en vie dans ces misérables taudis — on donnerait quand même notre fête, n'est-ce pas ? »

Laura ne put que dire « oui », mais elle avait le sentiment que cela n'allait pas. Elle s'assit sur le sofa de sa mère et tira le volant d'un coussin.

« Maman, est-ce qu'on ne se montre pas terriblement insensibles ? » demanda-t-elle.

« Chérie ! » Mme Sheridan se leva et vint vers elle, le chapeau à la main. Avant que Laura puisse l'en empêcher, elle le lui avait mis sur la tête. « Ma petite, ce chapeau est à toi, dit sa mère. Il est fait pour toi. Il est beaucoup trop jeune pour moi.

---

7. **it was all wrong :** *ça n'allait pas du tout* ; s'oppose à **all right :** *tout à fait bien*, **it's all right :** *ça va, c'est d'accord*.
8. **to pop it on :** *mettre rapidement* (fam.). **Pop in and see me some time :** *passe me faire une petite visite un de ces jours*.

I have never seen you look such a picture. Look at yourself!" And she held up her hand-mirror.

"But, mother," Laura began again. She couldn't look at herself; she turned aside [1].

This time Mrs. Sheridan lost [2] patience just as Jose had done.

"You are being very absurd, Laura," she said coldly. "People like that don't expect [3] sacrifices from us. And it's not very sympathetic [4] to spoil [5] everybody's enjoyment as you're doing now."

"I don't understand," said Laura, and she walked quickly out of the room into her own bedroom. There, quite by chance [6], the first thing she saw was this charming girl in the mirror, in her black hat trimmed [7] with gold daisies and a long black velvet ribbon. Never [8] had she imagined she could look [9] like that. Is mother right? she thought. And now she hoped her mother was right. Am I being extravagant? Perhaps it was extravagant. Just for a moment she had another glimpse [10] of that poor woman and those little children and the body being carried into the house. But it all seemed blurred [11], unreal, like a picture in the newspaper. I'll remember it again after the party's over [12], she decided. And somehow that seemed quite the best plan...

Lunch was over by half past one [13]. By half past two they were all ready for the fray [14]. The green-coated [15] band had arrived and was established in a corner of the tennis-court.

---

1. **turned aside** = turned away : *elle se détourna.*
2. **to lose, lost, lost** : *perdre* ; **a loser** [luːzə] : *un perdant.* Ne pas confondre avec **loose** [luːs] : *lâche* ; **loose hair** : *cheveux épars.*
3. **to expect** : *attendre, prévoir, espérer* ; **to expect the worst** : *s'attendre au pire.* **She's expecting** : *elle est enceinte.* **Unexpected** : *inattendu.*
4. **sympathetic** : *compatissant, bien disposé.*
5. **to spoil** : *gâcher, gâter* ; **a spoilt child** : *un enfant gâté.*
6. **by chance** : *par hasard,* renforcé par **quite,** qui paradoxalement veut dire : *assez,* mais aussi : *très* ; **I'm quite exhausted** : *je suis complètement épuisé(e)* ; **quite cheap** : *assez bon marché.*
7. **trimmed** : *bordé,* de **to trim** : *tailler, orner* ; **trim,** adj. : *en bon état, bien tenu* ; **a trim figure** : *une silhouette svelte.* **Christmas trimmings** : *décorations de Noël.*
8. **never** : en tête, est suivi d'une inversion du sujet.
9. **she could look** : le modal traduit à la fois l'idée de capacité

Tu n'as jamais été aussi ravissante. Regarde-toi ! » Et elle lui tendit la glace.

« Mais, maman », reprit Laura. Elle ne pouvait se regarder ; elle se détourna.

Cette fois, Mme Sheridan perdit patience, tout à fait comme Josée.

« Tu te conduis d'une façon vraiment absurde, Laura, dit-elle d'une voix froide. Ces gens-là n'attendent pas de nous des sacrifices. Et ce n'est pas très gentil de gâcher le plaisir de tout le monde comme tu le fais en ce moment. »

« Je ne comprends pas », dit Laura, et elle sortit rapidement pour aller dans sa chambre. Là, tout à fait par hasard, la première chose qu'elle vit fut cette charmante fille dans la glace, avec son chapeau noir orné de marguerites dorées et d'un long ruban de velours noir. Elle n'avait jamais imaginé qu'elle pouvait avoir cet air-là. Maman a-t-elle raison ? pensa-t-elle. Et maintenant elle espérait que sa mère avait raison. Est-ce que j'exagère ? Oui, c'était peut-être exagéré. Pendant un court instant, elle eut de nouveau la vision fugitive de la pauvre femme avec tous ces petits enfants, du corps que l'on ramenait dans la maison. Mais tout cela semblait brouillé, irréel, comme une image dans le journal. J'y penserai de nouveau après la fête, décida-t-elle. Et curieusement, cela lui parut la meilleure solution...

A une heure et demie, le déjeuner était fini. A deux heures et demie, ils étaient sur le pied de guerre. L'orchestre vêtu de vert était arrivé et fut installé dans un coin du court de tennis.

(être capable de) et d'éventualité ; cf. **I can swim** : *je peux, je suis capable de nager, et* **winters can be cold in Canada** : *les hivers peuvent être froids au Canada (cela peut arriver).*

10. **a glimpse** : *un coup d'œil rapide* ; cf. **a glance**. Verbes : **to glimpse (at), to glance (at)**. *Autres façons de décrire le regard :* **to glare** : *regarder avec colère* ; **to stare** : *regarder fixement* ; **to peer** : *scruter* ; **to gaze** : *contempler* ; **to peep** : *regarder à la dérobée.*

11. **to blur** : *brouiller, estomper* ; **her eyes were blurred with tears** : *son regard était brouillé de larmes.*

12. **over** : *fini.*

13. **by half past one** : *avant une heure et demie* ; **by the time he came, it was all over** : *quand il est arrivé, tout était fini.*

14. **fray** : *combat* ; *est un peu daté, ou alors littéraire.*

15. **green-coated** : *adj. composé, adj. + subst. +* **ed**. *Par exemple* **dark-eyed** : *aux yeux sombres.*

"My dear!" trilled[1] Kitty Maitland, "aren't they too like[2] frogs for words? You ought[3] to have arranged them round the pond with the conductor in the middle on a leaf."

Laurie arrived and hailed them on his way to dress. At the sight of him[4] Laura remembered the accident again. She wanted to tell him. If Laurie agreed with the others, then it was bound to be all right. And she followed him into the hall.

"Laurie!"

"Hallo!" He was half-way upstairs, but when he turned round and saw Laura he suddenly puffed out[5] his cheeks and goggled[6] his eyes at her. "My word[7], Laura! You do look stunning[8]", said Laurie. "What an absolutely topping[9] hat!"

Laura said faintly "Is it?" and smiled up at Laurie and didn't tell him after all.

Soon after that people began coming in streams. The band struck up; the hired waiters ran from the house to the marquee. Wherever you looked there were couples strolling[10], bending[11] to the flowers, greeting, moving on over the lawn. They were like bright birds that had alighted in the Sheridans' garden for this one afternoon, on their way to – where? Ah, what happiness it is to be with people who all are happy, to press hands, press cheeks, smile into eyes.

---

1. **to trill :** *lancer une trille ; parler d'une voix aiguë.*
2. voir l'expression idiomatique : **it's too funny for words :** *c'est trop drôle, au-delà de toute expression.* Kitty se sert de **like frogs** comme adjectif.
3. **ought** + infinitif passé traduit l'irréel du passé : *vous auriez dû les disposer* (mais vous ne l'avez pas fait). La plupart du temps **ought** est synonyme de **should**.
4. **at the sight of him** = on seeing him : *en le voyant.*
5. **to puff out :** *gonfler.*
6. **to goggle :** *faire des yeux ronds (étonnés, admiratifs, incrédules)* ; **goggles :** *lunettes de protection (sous-marines...).*
7. exclamatif : *ma parole.*
8. **stunning :** *étonnant*, terme d'admiration ; vient de **to stun :** *frapper d'étonnement, assommer, éblouir.*
9. argot daté.

« Ma chère, gazouilla Kitty Maihand, ne dirait-on pas des grenouilles ? Tu aurais dû les placer autour du bassin, avec le chef au milieu, sur une feuille. »

Laurie arriva, et les salua en allant s'habiller. En le voyant, Laura se rappela de nouveau l'accident. Elle voulut lui en parler. S'il était d'accord avec les autres, alors il ne pouvait pas y avoir de problème. Elle le suivit dans le hall.

« Laurie ! »

« Hello ! » Il était au milieu de l'escalier, mais quand il se retourna et vit Laura, il gonfla tout à coup les joues et ouvrit de grands yeux. « Dis donc, Laura, tu es superbe, dit-il. Et quel chapeau extraordinaire ! »

« Tu trouves ? » dit Laura d'une voix douce en lui souriant. Et elle décida de ne rien lui raconter.

Peu après, les gens commencèrent à arriver par vagues. L'orchestre attaqua ; les domestiques engagés pour la circonstance couraient de la maison à la tente. On voyait partout des couples se promener, se pencher vers les fleurs, se saluer, s'éloigner sur la pelouse. On aurait dit de splendides oiseaux qui s'étaient posés dans le jardin des Sheridan pour cet unique après-midi, en route vers... où ? Ah, quel bonheur d'être avec des gens tous heureux, de toucher des mains, toucher des joues, sourire à des regards.

---

10. **to stroll, to take a stroll** : *se promener*. D'autres verbes décrivant la façon de marcher : **to stride** : *marcher à grandes enjambées* ; **to loiter** : *s'attarder, flâner* ; **to wander** : *errer*.
11. **to bend, bent, bent** : *se pencher, se courber* ; **a bend (in the road)** : *un virage*.

"Darling Laura, how well you look[1]!"

"What a becoming[2] hat, child!"

"Laura, you look quite Spanish. I've never seen[3] you look so striking."

And Laura, glowing, answered softly, "Have you had tea[4]? Won't you have an ice? The passion-fruit ices really are rather special." She ran to her father and begged him: "Daddy darling, can't the band have something to drink?"

And the perfect afternoon slowly ripened, slowly faded, slowly its petals closed[5].

"Never a more delightful garden-party..." "The greatest success..." "Quite the most..."

Laura helped her mother with the good-byes. They stood side by side in the porch till it was all over.

"All over, all over, thank heaven[6]," said Mrs. Sheridan. "Round up[7] the others, Laura. Let's go and have some fresh coffee. I'm exhausted[8]. Yes, it's been very successful. But oh, these parties, these parties! Why will[9] you children insist on[10] giving parties!" And they all of them sat down in the deserted marquee.

"Have a sandwich, daddy dear. I wrote[11] the flag."

"Thanks." Mr. Sheridan took a bite[12] and the sandwich was gone. He took another. "I suppose you didn't hear of[13] a beastly accident that happened to-day?" he said.

"My dear," said Mrs. Sheridan, holding up her hand, "we did. It nearly ruined the party. Laura insisted we should put it off[14]."

---

1. **how well you look :** *que tu as l'air bien, en bonne santé.* **I don't feel well :** *je ne me sens pas bien.*

2. **becoming :** *seyant* ; **this colour becomes you, suits you :** *cette couleur te va bien.*

3. **I've never seen :** l'emploi du present perfect indique que l'action se prolonge jusqu'au présent ; le prétérit **saw** serait une référence à un moment passé, coupé du présent.

4. **to have tea :** *prendre le thé,* cf. **to have a drink.**

5. l'après-midi est comparé à une fleur qui mûrit **(to ripen)** et se fane **(to fade).**

6. **thank heaven :** m. à m. *remerciez le ciel* ; **heaven :** le *paradis* ; **heavens :** mot poétique pour **sky,** le *ciel.*

7. **to round up :** *rassembler.* **To round off :** *terminer* ; **he rounded off his speech :** *il termina son discours.*

« Laura chérie, que tu es jolie ! »

« Comme ce chapeau te va bien, mon enfant ! »

« Laura, tu as l'air tout à fait espagnole. Je ne t'ai jamais vue si belle. »

Et Laura, rayonnante, répondait doucement. « Avez-vous pris du thé ? Ne voulez-vous pas une glace ? Les glaces aux fruits de la passion sont vraiment exquises. » Elle courut vers son père et le supplia : « Papa chéri, on ne peut pas donner quelque chose à boire à l'orchestre ? »

Et le parfait après-midi s'épanouit doucement, doucement se fana, referma doucement ses pétales.

« Jamais vu si délicieuse garden-party... » « Quelle réussite... » « Vraiment, la plus... »

Laura aidait sa mère à faire les adieux. Toutes les deux, côte à côte sous le porche, jusqu'à la fin.

« C'est fini, c'est fini. Dieu soit loué, dit Mme Sheridan. Réunis les autres, Laura. Allons refaire du café. Je suis épuisée. Oui, ce fut très réussi. Oh, ces fêtes, ces fêtes ! Les enfants, pourquoi tenez-vous donc tant à donner des fêtes ? » Et ils s'assirent tous sous la tente déserte.

« Prends donc un canapé, papa chéri, c'est moi qui ai écrit l'étiquette. »

« Merci. » M. Sheridan ne fit qu'une bouchée de son canapé. Il en prit un autre. « Vous n'avez sans doute pas entendu parler de l'horrible accident qui est arrivé aujourd'hui ? » dit-il.

« Mais si, mon cher, dit Mme Sheridan avec un geste de la main. Cela a failli tout faire rater. Laura tenait absolument à ce que l'on remette la réception. »

---

8. **exhausted :** *épuisée* ; to **exhaust someone's patience** : *épuiser la patience de quelqu'un* ; **exhaust-pipe** : *pot d'échappement*.

9. **will :** forme d'insistance, exprimant la volonté ; cf. **boys will be boys** : *les garçons se conduisent toujours en garçons* (ils y tiennent) ou **why will you keep asking for parties** : *pourquoi demandez-vous toujours des fêtes ?*

10. **to insist on something :** *insister sur quelque chose*.

11. **to write, wrote, written :** *écrire* ; **handwriting** : *écriture*.

12. **let's have a bite :** *mangeons quelque chose* ; **a mosquito-bite** : *une piqûre de moustique* ; **a flea-bite** : *une piqûre de puce* ; verbe : **to bite, bit, bitten.**

13. **to hear of something :** *entendre parler de qq chose*.

14. **to put off :** *remettre qq chose,* **she insisted (that) we should put it off. Should** remplace **must** qui n'a pas de prétérit : **she insists we must / she insisted we should.**

"Oh, mother!" Laura didn't want to be teased[1] about it.

"It was a horrible affair all the same," said Mr. Sheridan. "The chap[2] was married too. Lived just below in the lane, and leaves a wife and half a dozen kiddies, so they say[3]."

An awkward[4] little silence fell. Mrs. Sheridan fidgeted with her cup. Really, it was very tactless[5] of father...

Suddenly she looked up. There on the table were all those sandwiches, cakes, puffs, all uneaten, all going to be wasted[6]. She had one of her brilliant ideas.

"I know," she said. "Let's make up a basket[7]. Let's send that poor creature some of this perfectly good[8] food. At any rate, it will be the greatest treat[9] for the children. Don't you agree? And she's sure to have neighbours calling in and so on. What a point to have it all ready prepared. Laura!" She jumped up. "Get me the big basket out of the stairs[10] cupboard."

"But, mother, do you really think it's a good idea?" said Laura.

Again, how curious, she seemed to be different from them all. To take scraps[11] from their party. Would the poor woman really like that?

"Of course! What's the matter with you to-day? An hour or two ago[12] you were insisting on us being sympathetic[13]."

Oh well! Laura ran[14] for the basket. It was filled, it was now heaped[15] by her mother.

"Take it yourself, darling," said she. "Run down just as you are.

---

1. **to tease** : *taquiner* ou *tourmenter*.
2. **chap** comme **fellow** est toujours assez difficile à traduire : *bonhomme, gars, gaillard, type*.
3. **so they say** : *à ce que l'on dit* ; **so to say** : *pour ainsi dire*.
4. **awkward** ['ɔːkwəd] : *gêné, maladroit, encombrant*.
5. **tactless** ≠ tactful.
6. **to waste** : *gaspiller* ; m. à m. *(toutes ces choses) allant être gaspillées* (**to be going to** : futur proche) ; **wasteful** : adj., *dépensier*.
7. m. à m. *composons un panier* ; cf. **make-up** : *maquillage*, et **to make something up** : *faire qq chose à fond, inventer qq chose*.
8. **good** pour la nourriture peut signifier *bon, savoureux*, ou *en bon état* ; **to go bad** dans ce contexte : *pourrir*.
9. **treat** : *régal, fête, sortie* ; **this is to be my treat** : *c'est moi qui paie, moi qui régale*.

« Oh, maman ! » Laura ne voulait pas qu'on la taquine à ce sujet.

« C'était quand même une horrible histoire, dit M. Sheridan. Et de plus, le gars était marié. Il vivait dans la ruelle, juste en dessous, et il laisse une femme et une demi-douzaine de gosses, à ce qu'on dit. »

Il y eut un petit silence gêné. Mme Sheridan jouait nerveusement avec sa tasse. Vraiment, quel manque de tact de la part de papa...

Elle leva soudain les yeux et vit sur la table tous ces canapés, ces gâteaux, ces choux à la crème, tous intacts, quel gaspillage. Elle eut un de ses éclairs de génie.

« J'ai trouvé, dit-elle. Préparons un panier. Envoyons à cette pauvre femme ces choses encore toutes fraîches. Ce sera en tout cas un régal pour les enfants. Vous ne croyez pas ? Quelle chance que ce soit tout prêt. Laura ! » Elle se leva d'un bond. « Va me chercher le grand panier dans le placard de l'escalier. »

« Mais, maman, crois-tu vraiment que c'est une bonne idée ? » dit Laura.

De nouveau, comme c'était curieux, elle semblait différente de tous les autres. Porter les restes de leur réception. Cela plairait-il vraiment à la pauvre femme ?

« Mais, bien sûr. Qu'est-ce que tu as aujourd'hui ? Il y a à peine une heure ou deux, tu voulais à tout prix que nous montrions notre sympathie. »

Bon ! Laura courut chercher le panier. Il fut rempli, et même au-delà, par sa mère.

« Porte-le toi-même, ma chérie, dit-elle. Vas-y vite, sans te changer.

---

10. **stairs** : *escalier*. Employé ici pour qualifier **cupboard** : *placard de l'escalier* ; **upstairs** : *en haut* ; **downstairs** : *en bas*.
11. **scraps** : *restes, bouts* ; **a scrap of paper** : *un petit morceau de papier* ; **to scrap a car** : *envoyer une voiture à la ferraille*.
12. **an hour ago** : *il y a une heure*.
13. **on us being sympathetic,** complément + verbe en **-ing** qui est régi par **to insist**. On pourrait avoir **on our** (adj. poss.) **being sympathetic** (nom verbal) comme on aurait **to insist on our presence** ; **being** a, à la fois, une fonction verbale et nominale.
14. **to run, ran, run** : *courir* ; **a runner** : *un coureur*.
15. **to heap** : *entasser* ; **a heap** : *un tas*.

No, wait, take the arum lilies too. People of that class [1] are so impressed by arum lilies."

"The stems [2] will ruin her lace frock," said practical Jose.

So [3] they would. Just in time [4]. "Only the basket, then. And, Laura!" – her mother followed her out of the marquee – "don't on any account [5] – "

"What, mother?"

No, better not [6] put such ideas into the child's head! "Nothing! Run along [7]."

It was just growing dusky [8] as Laura shut their garden gates. A big dog ran by like a shadow [9]. The road gleamed white, and down below in the hollow the little cottages were in deep shade. How quiet it seemed after the afternoon. Here she was going [10] down the hill to somewhere [11] where a man lay dead, and she couldn't realise [12] it. Why couldn't she? She stopped a minute. And it seemed to her that kisses, voices, tinkling [13] spoons, laughter, the smell of crushed grass were somehow inside her. She had no room [14] for anything else. How strange! She looked up at the pale sky, and all she thought was, "Yes, it was the most successful party."

Now the broad road was crossed. The lane began [15], smoky and dark. Women in shawls and men's tweed caps hurried by [16]. Men hung [17] over the palings; the children played in the doorways. A low hum [18] came from the mean little cottages.

---

1. noter l'attitude snob de Mrs. Sheridan qui répète toujours **people of that class, of that sort**.
2. **stem** : *tige* ; cf. **stalk** (plus épais).
3. pour **they would do so** (ruin her frock).
4. **just in time** : *juste à temps* ; ne pas confondre avec **on time** : *à l'heure*.
5. **not on any account** : on no account, *à aucun prix*.
6. **better not** + inf. sans **to** : *il valait mieux ne pas* ; **(she had) better not put** ; cf. **had rather** : *préférer*.
7. **run along** : *file*.
8. formé sur **dusk** : *crépuscule*.
9. **shadow** : *ombre* (silhouette) ; **shade,** plus bas : *ombre* (obscurité).
10. **going** est en apposition à **she** : *la voici descendant*.
11. **somewhere** : *quelque part*, **anywhere** : *n'importe où*, **now-**

Non, attends, prends aussi les arums. Les arums impressionnent tellement les gens de cette classe. »

« Les tiges vont abîmer sa robe de dentelle », dit Josée, pleine d'esprit pratique.

En effet, il n'était que temps. « Rien que le panier, alors. Et puis, Laura ! — sa mère sortit de la tente avec elle — ne va surtout pas... »

« Quoi donc, maman ? »

Non, il valait mieux ne pas lui mettre de telles idées dans la tête.

« Rien ! Cours vite. »

Le crépuscule tombait quand elle ferma le portail. Un grand chien passa comme une ombre. La route luisait, blanche, et en dessous, dans le creux, les petites maisons étaient plongées dans l'obscurité. Comme tout semblait tranquille après l'agitation de cet après-midi. La voilà qui descendait la colline pour aller vers un lieu où reposait un homme mort, mais elle ne pouvait y croire. Pourquoi donc ? Elle s'arrêta un instant. Et il lui sembla que les baisers, les voix, le tintement des cuillères, l'odeur de l'herbe écrasée étaient d'une certaine façon en elle. Il n'y avait de place pour rien d'autre. Comme c'était étrange ! Elle leva les yeux vers le ciel pâle, et tout ce qui lui vint à l'esprit fut « oui, c'était une fête très réussie ».

Maintenant elle avait franchi la large route. Là commençait la ruelle, enfumée et sombre. Des femmes enveloppées de châles, portant des casquettes d'hommes en tweed, passaient en se hâtant. Des hommes se penchaient par-dessus les clôtures ; les enfants jouaient sur le seuil des portes. Une rumeur sourde venait des misérables petites maisons.

---

here : *nulle part* ; cf. **someone, anyone, no-one** : *quelqu'un, n'importe qui, personne* et **something, anything, nothing.**
12. **to realise** : *se rendre compte.*
13. **to tinkle** : *tinter* ; **to jingle** : *résonner* ; **the coins jingled in his pocket** : *la monnaie tintait dans sa poche.*
14. **there's no room** : *il n'y a pas de place.*
15. **to begin, began, begun** : *commencer* ; **beginning** : *commencement.*
16. **to hurry by** : *passer en se pressant.* **Hurry up** : *dépêchez-vous.*
17. **to hang, hung, hung** : *pendre* ; **to hang over something** : *s'attarder sur quelque chose* ; **a hang-over** : *gueule de bois.*
18. **to hum** : *fredonner.*

In some of them there was a flicker [1] of light, and a shadow, crab-like [2], moved across the window. Laura bent her head and hurried on. She wished now she had put on a coat. How her frock shone [3]! And the big hat with the velvet streamer – if only it was another hat! Were the people looking at her? They must be [4]. It was a mistake to have come; she knew all along [5] it was a mistake. Should she go back even now?

No, too late. This was the house. It must be. A dark knot [6] of people stood outside. Beside the gate an old, old woman with a crutch sat in a chair, watching. She had her feet on a newspaper. The voices stopped as Laura drew near [7]. The group parted [8]. It was as though [9] she was expected, as though they had known she was coming here.

Laura was terribly nervous. Tossing [10] the velvet ribbon over her shoulder, she said to a woman standing by, "Is this Mrs. Scott's house?" and the woman, smiling queerly [11], said, "It is, my lass [12]."

Oh, to be away from this! She actually [13] said, "Help me, God," as she walked up the tiny path and knocked. To be away from those staring eyes, or to be covered up in anything, one of those women's shawls even. I'll just leave the basket and go, she decided. I shan't even wait for it to be emptied [14].

Then the door opened. A little woman in black showed [15] in the gloom [16].

---

1. **flicker** : *lumière faible, intermittente.*
2. **crab-like** : *semblable à un crabe.*
3. **to shine, shone, shone** : *briller.*
4. **they must be** : c'est une quasi-certitude.
5. **all along** : *tout au long, depuis le début.*
6. **knot** : *nœud*, ici *groupe de gens.*
7. **to draw near** : *s'approcher.*
8. **to part** : *se séparer* ; **a parting** : *une séparation.* **She had a parting in her hair** : *elle avait une raie dans les cheveux.*
9. **as though** : *comme si*, cf. **as if.**
10. **to toss** : *jeter* ; cf. **to toss a coin** : *jouer à pile ou face.*
11. de **queer** : *étrange.* On peut dire aussi **strange** ou **odd**. Employé comme subst. terme péjoratif pour *homosexuel.*

Dans certaines, parfois, une lumière vacillait et une ombre, comme un crabe, passait derrière la fenêtre. Laura baissa la tête et pressa le pas. Elle regrettait maintenant de ne pas avoir mis un manteau. Comme sa robe brillait ! Et ce grand chapeau avec son ruban de velours qui flottait, si seulement elle en avait mis un autre ! Est-ce que les gens la regardaient ? Sûrement. Elle n'aurait jamais dû venir. Elle savait depuis le début que c'était une erreur. Ne fallait-il pas rentrer, même maintenant ?

Non, trop tard. Elle était déjà devant la maison. C'était sûrement celle-là. Des ombres formaient un groupe à l'extérieur. A côté du portail était assise une vieille, vieille femme avec une béquille ; elle montait la garde, les pieds sur un journal. Les voix se turent quand Laura approcha. Le groupe s'écarta. C'était comme si elle était attendue, comme s'ils avaient su qu'elle allait venir.

Laura était terriblement gênée. Rejetant le ruban de velours par-dessus son épaule, elle dit à une femme qui se trouvait là : « Est-ce bien la maison de Mme Scott ? » et la femme, avec un bizarre sourire dit : « C'est ici, ma fille. »

Ah, être à mille lieues ! Elle dit tout haut : « Mon Dieu, aidez-moi », comme elle montait le petit chemin et frappait à la porte. Échapper à ces regards fixés sur elle, se cacher sous n'importe quoi, même sous le châle d'une de ces femmes. Je pose le panier et je m'en vais, décida-t-elle. Je n'attendrai même pas qu'on le vide.

Alors, la porte s'ouvrit. Une petite femme en noir parut dans la pénombre.

---

12. **lass :** *jeune fille*, est un terme daté ou alors poétique ; moins employé que le masc. **lad.**
13. **actually :** *en réalité, en fait* ; méfiez-vous de ce faux ami qui ne signifie pas : *actuellement*, qui se dit **now.**
14. **for it to be emptied :** proposition infinitive à la voix passive ; **to empty :** *vider* ; **to fill :** *remplir.*
15. **to show :** *montrer*, mais aussi *se faire voir*. **It doesn't show :** *ça ne se voit pas* ; **a showy dress :** *une robe voyante.*
16. **gloom :** *obscurité* ; **gloomy :** adj., *obscur, sombre* ou *déprimé* ; **I felt gloomy :** *je me sentais triste.*

Laura said, "Are you Mrs. Scott?" But to her horror the woman answered, "Walk in, please, miss," and she was shut in the passage.

"No," said Laura, "I don't want to come in. I only want to leave this basket. Mother sent—"

The little woman in the gloomy passage seemed not to have heard her [1]. "Step this way [2], please, miss," she said in an oily [3] voice, and Laura followed her.

She found herself in a wretched [4] little low kitchen, lighted by a smoky lamp. There was a woman sitting before the fire.

"Em [5]," said the little creature who had let her in [6]. "Em! It's a young lady." She turned to Laura. She said meaningly [7], "I'm 'er sister [8], miss. You'll excuse 'er, won't you?"

"Oh, but of course!" said Laura. "Please, please don't disturb [9] her. I —I only want to leave—"

But at that moment the woman at the fire turned round. Her face, puffed up, red, with swollen [10] eyes and swollen lips, looked terrible. She seemed as though she couldn't understand why Laura was there. What did it mean? Why was this stranger [11] standing in the kitchen with a basket? What was it all about? And the poor face puckered up [12] again.

"All right, my dear," said the other. "I'll thenk [13] the young lady."

And again she began, "You'll excuse her, miss, I'm sure," and her face, swollen too, tried [14] an oily smile.

---

1. **seemed not to have heard her :** infinitif passé à la forme négative régi par seemed.
2. **step this way :** m. à m. *faites un pas par ici.*
3. **oily :** *huileuse* ; formé sur **oil** : *huile.*
4. **wretched :** *misérable, pauvre* ; **a wretch :** subst., *un pauvre* ou *un scélérat.* On met en contact avec le nom l'adj. qui représente le trait le plus permanent : ici **low**, précédé de celui indiquant la taille **(little),** et devant le tout, le trait le plus éphémère ou variable **(wretched).**
5. **Em :** diminutif de **Emily.**
6. **to let someone in :** *faire entrer qqun* ; **to let someone out :** *faire sortir* ; **to let loose :** *libérer, lâcher* ; **to let go :** *lâcher.*
7. **meaningly :** *d'une façon significative* ; **meaning :** adj., *plein de sens, de sous-entendus.* **To mean, meant, meant :** *signifier* et aussi *avoir l'intention de.* **I mean to do it :** *j'ai l'intention de le faire.*

« Êtes-vous Mme Scott ? » demanda Laura. Et elle fut horrifiée de l'entendre répondre : « Entrez, s'il vous plaît, mademoiselle. » Elle se retrouva enfermée dans le couloir.

« Non, dit Laura, je ne veux pas entrer. Je veux juste laisser ce panier. Maman m'envoie... »

La petite femme dans le couloir semblait ne pas l'avoir entendue. « Par ici, s'il vous plaît, mademoiselle », dit-elle d'une voix doucereuse, et Laura la suivit.

Elle se trouva dans une vilaine petite cuisine au plafond bas, éclairée par une lampe qui fumait. Il y avait une femme assise devant le feu.

« Emmy, dit la petite femme qui l'avait fait entrer. Emmy, c'est une demoiselle. » Elle se tourna vers Laura et dit d'un ton appuyé : « C'est moi la sœur, mademoiselle. Vous l'excuserez, n'est-ce pas ? »

« Mais, bien sûr, dit Laura. Surtout, surtout ne la dérangez pas, s'il vous plaît. Je... je veux seulement laisser... »

Mais alors la femme près du feu se retourna. Son visage, bouffi, rouge, les yeux et les lèvres gonflés, était horrible. Elle semblait ne pas comprendre pourquoi Laura se trouvait là. Qu'est-ce que cela voulait dire ? Que faisait cette étrangère, debout dans la cuisine, avec son panier ? Que se passait-il ? Et le pauvre visage se contracta de nouveau. « Ça va, ma chérie, dit l'autre. J'dirai merci à la demoiselle. » Et elle recommença : « Vous l'excuserez, mademoiselle, n'est-ce pas ? » et son visage, gonflé lui aussi, ébaucha un sourire doucereux.

---

8. **her sister** : dans la prononciation de l'adj. poss. sans le "h" aspiré, il y a le signe qu'il s'agit de gens d'un milieu populaire ; dans le **miss** tout court aussi.
9. **to disturb** : *déranger* ; **disturbing** : adj., *inquiétant*.
10. **swollen** : part. passé de **to swell, swelled** : *gonfler* , cf. plus haut **puffed out** : *gonflé* (comme avec de l'air) ; **a puff** : *un souffle* ; **powder puff** : *houpette pour la poudre*.
11. **stranger** : *étranger* ; cf. **strange** : *étrange* ; **foreigner** : *étranger* (d'un autre pays).
12. **to pucker (up)** : *se plisser*, pour un visage ou un tissu.
13. **thenk** : pour **thank**.
14. **to try** : *essayer*, et aussi *mettre à l'épreuve* : **to try someone's patience** ; **a try** : subst., *une tentative*.

Laura only wanted to get out[1], to get away. She was back[2] in the passage. The door opened. She walked straight through into the bedroom, where the dead man was lying.

"You'd like a look at 'im, wouldn't you?" said Em's sister, and she brushed past[3] Laura over to the bed. "Don't be afraid, mys lass" – and now her voice sounded fond[4] and sly[5], and fondly she drew down the sheet – "'e looks a picture. There's nothing to show[6]. Come along, my dear."

Laura came.

There lay a young man, fast asleep[7] – sleeping so soundly, so deeply, that he was far, far away[8] from them both. Oh, so remote, so peaceful. He was dreaming. Never wake him up[9] again. His head was sunk[10] in the pillow, his eyes were closed; they were blind under the closed eyelids[11]. He was given up[12] to his dream. What did garden-parties and baskets and lace frocks matter to him? He was far from all those things. He was wonderful, beautiful. While they were laughing and while the band was playing, this marvel had come to the lane. Happy... happy... All is well, said that sleeping face. This is just as it should be. I am content[13].

But all the same you had to[14] cry, and she couldn't go out of the room without saying something to him. Laura gave a loud childish sob[15].

"Forgive my hat" she said.

---

1. **to get out** : *sortir* ; **get away** : *s'enfuir* ; **getaway** : subst. *fuite* ; **they made a quick getaway** : *ils s'enfuirent rapidement*.
2. **back** : *de retour, de nouveau*. **Come back** : *revenez* ; **to turn back** : *revenir, retourner* ; **to turn your back** : *tourner le dos* ; de **back** : *dos*.
3. **to brush past** : *effleurer* (en passant).
4. **fond** : *affectueux*. **I'm fond of her** : *je l'aime bien* ; **to fondle** : *caresser*.
5. **sly** : *rusé, sournois, dissimulé*.
6. **nothing to show** (that he is dead) : *rien pour montrer (qu'il est mort)*.
7. **fast asleep** : *tout à fait endormi* ; **to hold on fast** : *tenir fermement*. On dit aussi **sound asleep**.
8. **far away** : *loin*. Peut être employé en adj. : **a far-away look** : *un regard lointain* ; **remote** veut également dire *lointain*.

Laura voulait à tout prix sortir de là, s'échapper. Elle fut de nouveau dans le couloir. La porte s'ouvrit. Elle entra tout droit dans la chambre du mort.

« Vous jetterez bien un petit coup d'œil, pas vrai ? » dit la sœur d'Emmy et elle la frôla en allant vers le lit. « N'aie pas peur, ma fille — et maintenant sa voix était douce et rusée, et doucement, elle rabattit le drap —, il est beau comme une image. On voit rien. Approche-toi, ma petite ».

Laura s'approcha.

Un jeune homme reposait là, endormi, dormant si bien, si profondément qu'il était loin, très loin, très loin d'elles. Oh, si loin, si paisible. Il rêvait. Ne le réveillez plus jamais. Sa tête s'enfonçait dans l'oreiller, ses yeux étaient clos, aveugles sous les paupières baissées. Il était perdu dans son rêve. Que lui importaient les garden-parties, les paniers et les robes en dentelle ? Il était loin de toutes ces choses. Il était beau, extraordinaire. Pendant qu'on riait et que l'orchestre jouait, cet être merveilleux était venu dans la ruelle. Heureux... heureux... Tout va bien, disait le visage endormi. Tout est comme il se doit. Je suis satisfait.

Mais quand même, on ne pouvait s'empêcher de pleurer ; elle ne pouvait quitter la chambre sans lui dire quelque chose. Laura eut un gros sanglot d'enfant.

« Pardonnez mon chapeau », dit-elle.

---

9. **to wake (woke, woken) up :** *réveiller, se réveiller.*
10. **to sink, sank, sunk :** *s'enfoncer, couler.*
11. **eyelid :** *paupière* ; **eyebrow** : *sourcil* ; **eyelash** : *cil* ; **eyeball** : *globe oculaire* ; **eyesight** : *vue, vision.* Nous avons déjà vu **eyesore** : *une offense à la vue* ; on dit aussi **eye-catcher** : *personne ou chose qui attire l'œil.*
12. **to give up :** *abandonner* ; **to give in :** *céder.* **He gave in to their arguments :** *il céda à leurs arguments.*
13. **content :** *satisfait* ; le français *content* se traduit par **glad** ou **happy.**
14. **to have to** traduit l'obligation.
15. **sob :** *sanglot* ; **to sob :** *sangloter* ; **to cry :** *pleurer* ; **to weep, wept, wept :** *pleurer* (terme plus fort) ; **she wept her eyes out :** *pleurer à chaudes larmes, sans arrêt.*

And this time she didn't wait for Em's sister. She found her way[1] out of the door, down the path past all those dark people. At the corner of the lame she met[2] Laurie.

He stepped out[3] of the shadow. "Is that you, Laura?"

"Yes."

"Mother was getting anxious[4]. Was it all right?"

"Yes, quite, Oh, Laurie!" She took his arm, she pressed up against him.

"I say[5], you're not crying, are you?" asked her brother.

Laura shook her head[6]. She was.

Laurie put his arm round her shoulder. "Don't cry," he said in his warm, loving voice. "Was it awful?"

"No," sobbed Laura. "It was simply marvellous. But, Laurie—" She stopped, she looked at her brother. "Isn't life," she stammered[7], "isn't life—" But what life was she couldn't explain. No matter. He quite understood.

"*Isn't* it, darling?" said Laurie.

---

1. **to find (found, found) your way** : *trouver son chemin* ; **to lose (lost, lost) it** : *le perdre.*
2. **to meet, met, met** : *rencontrer* ; **a meeting** : *une rencontre.*
3. **to step out** : *sortir* (en faisant un pas) ; **a step** : *un pas*, et aussi *une marche.* **There were four steps up to the door** : *il y avait quatre marches pour monter à la porte.*
4. **to get anxious** : to become anxious, *devenir inquiet.*
5. **I say** : exclamation.
6. **to shake your head** : *secouer la tête*, généralement pour dire non.
7. **to stammer** : *bégayer* ; **to stutter** : *bégayer* (plus fort) ; **to lisp** : *zozoter, avoir un cheveu sur la langue.*

Et cette fois, elle n'attendit pas la sœur d'Emmy. Elle trouva la porte, descendit le chemin, passa devant tous ces gens dans l'ombre. Elle rencontra Laurie au coin de la ruelle.

Il sortit de l'obscurité. « C'est toi, Laura ? »

« Oui. »

« Maman commençait à s'inquiéter. Tout s'est bien passé ? »

« Oui, très bien. Oh, Laurie ! » Elle prit son bras, se serra contre lui.

« Voyons, tu ne pleures pas, n'est-ce pas ? » demanda son frère. Laura fit signe que non. Elle pleurait.

Laurie mit son bras autour de son épaule. « Ne pleure pas, dit-il de sa voix chaude et affectueuse. C'était affreux ? »

« Non, sanglota Laura. C'était vraiment merveilleux. Mais Laurie — elle s'arrêta, elle regarda son frère — la vie n'est-elle pas... », bégaya-t-elle. Mais ce qu'était la vie, elle ne pouvait l'expliquer. C'était sans importance. Il avait parfaitement compris.

« Oui, n'est-ce pas, chérie ? » dit Laurie.

Marriage à la Mode

Mariage à la mode

On his way to the station William remembered with a fresh pang[1] of disappointment[2] that he was taking nothing down to the kiddies[3]. Poor little chaps! It was hard lines on them[4]. Their first words always were as they ran to greet him, "What have you got[5] for me, daddy?" and he had nothing. He would have to buy them some sweets at the station. But that was what he had done for the past four Saturdays; their faces had fallen[6] last time when they saw the same old boxes produced again.

And Paddy had said, "I had red ribbing[7] on mine *bee*-fore!"

And Johnny had said, "It's always pink on mine. I hate pink."

But what was William to do[8]? The affair wasn't so easily settled[9]. In the old days[10], of course, he would have taken a taxi off[11] to a decent[12] toyshop and chosen them something in five minutes. But nowadays[13] they had Russian toys, French toys, Serbian toys – toys from God knows where. It was over a year since[14] Isabel had scrapped[15] the old donkeys and engines and so on because they were so "dreadfully sentimental" and "so appallingly[16] bad for the babies' sense of form."

"It's so important," the new[17] Isabel had explained, "that they should[18] like the right things from the very beginning. It saves so much time[19] later on.

---

1. **pang :** *douleur* ; **the pangs of death :** *les affres de la mort* ; **a pang of hunger :** *un tiraillement de faim.*

2. **to disappoint :** *décevoir.* Se méfier du faux ami **to deceive :** *décevoir* dans le sens de *tromper* ; **deception :** *tromperie.*

3. **kiddy :** diminutif de **kid :** *enfant.*

4. **it was hard lines on them :** *c'était dur pour eux* ; expression idiomatique.

5. **I've got :** employé le plus souvent pour I have : *posséder* ; **to have to** traduit l'obligation : *devoir* ; **have** est également l'auxiliaire des temps du passé : **he had done.**

6. **his face fell :** *sa mine s'allongea* (m. à m. *son visage tomba*).

7. prononciation enfantine : **ribbing** pour **ribbon,** et **beefore** pour **before :** *avant.*

8. **to be to... :** traduit une obligation résultant d'une convention antérieure. **The train is to leave at 9 :** *le train doit partir à 9 h.*

9. **to settle an affair :** *régler une affaire* ; **unsettled weather :** *temps changeant* ; **unsettling remark :** *remarque troublante.*

Sur le chemin de la gare, William fut à nouveau saisi de regret en se rappelant qu'il n'apportait rien aux enfants. Pauvres petits ! C'était dur pour eux. Leurs premiers mots lorsqu'ils accouraient vers lui étaient toujours : « Qu'est-ce que tu m'apportes, papa ? » et il n'avait rien. Il serait obligé de leur acheter des bonbons à la gare. Mais c'était ce qu'il avait fait les quatre samedis précédents ; la dernière fois, leur mine s'était allongée lorsqu'ils avaient encore vu apparaître les mêmes boîtes.

Et Paddy avait dit : « Y avait déjà un ruban rouge sur la mienne avant. »

Et Johnny avait dit : « Moi, c'est toujours du rose. J'ai horreur du rose. »

Mais qu'est-ce que William pouvait faire ? Les choses n'étaient pas si faciles. Autrefois, bien sûr, il aurait pris un taxi pour aller dans un bon magasin de jouets, et il leur aurait trouvé quelque chose en cinq minutes. Mais maintenant, il y avait des jouets qui venaient de Russie, de France, de Serbie, Dieu seul sait d'où encore. Cela faisait plus d'un an qu'Isabel s'était débarrassée des vieux ânes en peluche, des petits trains et de toutes ces choses qu'elle trouvait « pleines d'horrible sensiblerie » et « terriblement mauvaises pour le sens esthétique des petits ».

« C'est si important, avait expliqué la nouvelle Isabel, qu'ils aiment ce qu'il faut dès le début. Cela fait gagner tellement de temps par la suite.

---

10. **the old days :** m. à. m. *les temps anciens ; autrefois.*
11. **to walk off :** *partir en marchant.* Noter l'emploi de la particule adverbiale **off.**
12. **decent : good ; a decent meal :** *un vrai repas.*
13. **nowadays :** *maintenant* ; s'oppose à **in the old days.**
14. **over a year :** *plus d'un an* ; **since :** *depuis.*
15. **to scrap :** *jeter* ; **scrap-metal :** *ferraille.*
16. **appalling :** *affreux, atroce.* Isabel se sert de termes hyperboliques.
17. la nouvelle Isabelle, sous l'influence de ses nouveaux amis.
18. **should** dépend ici de **it's so important... that ;** cf. it is natural, strange, odd, right, wrong, funny *(naturel, étrange, bizarre, juste, faux, drôle)* that + should...
19. **it saves time :** *cela fait gagner du temps* ; **to save money :** *économiser de l'argent* ; **savings :** *économies.*

Really, if the poor pets have to spend [1] their infant years staring at these horrors, one can imagine them growing up and asking to be taken to the Royal Academy [2]."

And she spoke as though a visit to the Royal Academy was certain immediate death [3] to anyone...

"Well, I don't know," said William slowly. "When I was their age I used to go to bed hugging [4] an old towel with a knot in it."

The new Isabel looked at him, her eyes narrowed [5], her lips apart [6].

"*Dear* William! I'm sure you did!" She laughed in the new way.

Sweets [7] it would have to be, however, thought William gloomily, fishing [8] in his pocket for change for the taximan. And he saw the kiddies handing the boxes round [9] – they were awfully generous little chaps– while Isabel's precious friends didn't hesitate to help [10] themselves...

What about fruit? William hovered [11] before a stall just inside the station. What about a melon each? Would they have to share that, too? Or a pine-apple for Pad, and a melon for Johnny? Isabel's friends could hardly [12] go sneaking up [13] to the nursery [14] at the children's mealtimes. All the same, as he bought [15] the melon William had a horrible vision of one of Isabel's young poets lapping up a slice [16], for some reason, behind the nursery door.

With his two very awkward parcels he strode [17] off to his train. The platform was crowded, the train was in.

---

1. **to spend time / hours / years** + verbe -ing.
2. **Royal Academy** : musée des Beaux-Arts à Londres.
3. **certain immediate death** : *une mort immédiate certaine.*
4. **to hug** : *étreindre.*
5. **to narrow your eyes** : *plisser les yeux* (avec colère, concentration) ≠ **to widen** : *élargir.*
6. **apart** : *séparé, à part.*
7. **sweets** est ainsi mis en relief en tête de phrase. Avec **to have to** indiquant l'obligation.
8. **to fish for** : *chercher, pêcher* ; **to fish for compliments** : *chercher les compliments.*
9. **to hand round** : *faire passer de main en main.*
10. **help yourself** : *servez-vous* ; **a helping of cake** : *une part de gâteau.*
11. **to hover** : *hésiter, s'attarder, planer* ; **hovercraft** : *aéroglisseur.*

Vraiment, si les pauvres chéris doivent passer leur petite enfance à contempler de telles horreurs, on les imagine, plus grands, demandant qu'on les emmène à la Royal Academy. »

Et on sentait bien qu'à son avis, visiter la Royal Academy voulait dire souffrir mille morts...

« Mais, je ne sais pas, dit William lentement. Moi, à leur âge, je me couchais en serrant contre moi une vieille serviette nouée. »

La nouvelle Isabel le regarda fixement, lèvres entrouvertes.

« Mon *cher* William ! mais j'en suis sûre ! » Elle rit de son nouveau rire.

Il faudrait se résigner aux bonbons, pensa William sombrement, en cherchant de la monnaie dans sa poche pour le chauffeur de taxi. Et il voyait déjà les gosses faisant passer les boîtes à la ronde — ils étaient vraiment généreux, ces petits — tandis que les chers amis d'Isabel se servaient sans hésiter.

Et s'il prenait des fruits ? William s'attarda devant un étalage juste à l'intérieur de la gare. S'il prenait un melon pour chacun ? Est-ce qu'ils seraient forcés aussi de le partager ? Ou un ananas pour Paddy et un melon pour Johnny ? Les amis d'Isabel ne pourraient tout de même pas monter en cachette dans la chambre des enfants aux heures des repas. Il n'empêche qu'en achetant le melon, William eut l'horrible vision d'un des jeunes poètes d'Isabel en train d'en avaler goulûment une tranche, on ne sait pourquoi, derrière la porte de la chambre des enfants.

Avec ses deux paquets encombrants, il se dirigea à grands pas vers son train. Le quai était bondé et le train déjà là.

---

12. **hardly :** *difficilement* ; aussi : *à peine* ; **he hardly spoke to me :** *il me parla à peine.*
13. **to sneak up, down, off, in :** *monter, descendre, partir, entrer à la dérobée.*
14. **nursery :** *chambre d'enfants.*
15. **to buy, bought, bought :** *acheter.*
16. to slice : *trancher.*
17. **to stride, strode, stridden :** *marcher à grandes enjambées.*

Doors banged [1] open and shut. There came such a loud hissing [2] from the engine that people looked dazed [3] as they scurried [4] to and fro [5]. William made straight for [6] a first-class smoker [7], stowed [8] away his suit-case and parcels, and taking a huge wad of papers out of his inner pocket, he flung [9] down in the corner and began to read.

"Our client moreover is positive... We are inclined to reconsider... in the event of–" Ah, that was better. William pressed back his flattened hair and stretched his legs across the carriage floor. The familiar dull [10] gnawing [11] in his breast quietened down. "With regard to our decision–" He took out a blue pencil and scored a paragraph slowly.

Two men came in, stepped across him, and made for the farther corner. A young fellow swung [12] his golf clubs into the rack and sat down opposite. The train gave a gentle lurch [13], they were off. William glanced up and saw the hot, bright station slipping [14] away. A red-faced girl raced along by the carriages, there was something strained and almost desperate in the way she waved and called. "Hysterical!" thought William dully. Then a greasy, black-faced workman at the end of the platform grinned at the passing train. And William thought, "A filthy [15] life!" and went back to his papers.

When he looked up again there were fields, and beasts standing for shelter under the dark trees.

---

1. **to bang open, to bang shut** : *ouvrir, se fermer en claquant.*
2. **to hiss** : *siffler, pour de la vapeur, un serpent ; se dit aussi pour siffler au théâtre.*
3. **in a daze** : *ahuri* ; cf. **to dazzle** : *éblouir.*
4. **to scurry** : *se précipiter* ; **a scurry** : *une débandade.*
5. **to and fro** : *de-ci, de-là, de long en large.*
6. **to make (straight) for** : *se diriger (tout droit) vers.*
7. **smoker** : *compartiment pour fumeurs.*
8. **to stow away** : *ranger* ; **a stow-away** : *un passager clandestin.*
9. **to fling, flung, flung** : *jeter, se jeter.* Fig. **she flung herself at him** : *elle s'est jetée à sa tête* ; **to have a fling at doing something** : *essayer de faire quelque chose.*
10. **dull** : *sourd* ; généralement cet adj. signifie *ennuyeux* : **a dull book** (syn. **boring**).
11. **to gnaw** [nɔ:] : *ronger* ; cf. **to gnash** [næʃ] **your teeth** : *grincer des dents.*

Des portes s'ouvraient et se fermaient en claquant. La locomotive lâcha un jet de vapeur avec un tel sifflement que les gens courant de tous côtés semblèrent ahuris. William se dirigea tout droit vers un compartiment de première pour fumeurs, rangea sa valise et ses paquets, et, sortant de sa poche intérieure une énorme liasse de papiers, se jeta dans un coin et commença à lire.

« En outre, notre client est persuadé... Nous sommes disposés à reconsidérer, au cas où... » Ah, voilà qui allait mieux. William lissa en arrière ses cheveux plats et étendit les jambes dans le compartiment. La douleur sourde et familière se calma dans sa poitrine. « En ce qui concerne notre décision... » Il sortit un crayon bleu et se mit à corriger lentement un paragraphe.

Deux hommes entrèrent, l'enjambèrent et allèrent s'asseoir à l'autre bout du compartiment. Un jeune homme hissa ses clubs de golf dans le porte-bagages et s'installa en face de lui. Le train s'ébranla doucement, c'était le départ. William leva les yeux et vit s'éloigner la gare pleine de chaleur et de lumière. Une jeune fille au visage rouge courait le long des voitures ; il y avait quelque chose de forcé, de presque désespéré dans la façon dont elle agitait la main et criait. « Hystérique ! » pensa William d'une façon vague. Puis, en bout de quai, un ouvrier couvert de graisse, à la figure noircie, sourit au train qui passait. Et William pensa « Quelle vie dégoûtante ! » et retourna à ses papiers.

Quand il leva de nouveau les yeux, il y avait des champs et des animaux debout à l'ombre des arbres.

---

12. **to swing, swung, swung** : *jeter, balancer* ; **a swing** : *une balançoire*, mais aussi *rythme, balancement*.
13. **lurch** : *écart, embardée* ; **to lurch** : *tituber* ; **to give someone the lurch** (fam.) : *renvoyer quelqu'un*.
14. on pourrait avoir : **he saw it slip away** (inf. sans to) mais la forme en -ing est plus courante après les verbes de perception. **I heard her singing** : *je l'entendis chanter*.
15. **filth** : *saleté*. Terme très fort ; **filthy** signifie aussi *ordurier, obscène* ; **filthy language.** Ici William l'emploie à la fois pour décrire l'apparence sale de l'ouvrier couvert de graisse, et de façon familière : *dégoûtante*.

A wide river, with naked children splashing[1] in the shallows, glided[2] into sight and was gone again. The sky shone pale, and one bird drifted[3] high like a dark fleck[4] in a jewel.

"Whe have examined our client's correspondence files[5]..." The last sentence he had read echoed in his mind. "We have examined..." William hung on to that sentence, but it was no good[6]; it snapped[7] in the middle, and the fields, the sky, the sailing bird, the water, all said, "Isabel." The same thing happened every Saturday afternoon. When he was on his way to meet Isabel there began those countless[8] imaginary meetings. She was at the station, standing just a little apart from everybody else; she was sitting in the open[9] taxi outside; she was at the garden gate; walking across the parched[10] grass; at the door, or just inside the hall.

And her clear, light voice said, "It's William," or "Hillo[11], William!" or "So William has come!" He touched her cool hand, her cool cheek.

The exquisite freshness of Isabel! When he had been a little boy, it was his delight[12] to run into the garden after a shower of rain[13] and shake the rose-bush[14] over him. Isabel was that rose-bush, petal-soft[15], sparkling[16] and cool. And he was still[17] that little boy. But there was no running[18] into the garden now, no laughing and shaking. The dull, persistent gnawing in his breast started again. He drew up[19] his legs, tossed the papers aside, and shut his eyes.

---

1. participe présent de **to splash** : *éclabousser*.
2. **to glide** : *planer, glisser avec aisance* ; **a glider** : *un planeur* ; *glisser* se dit aussi **to slip, to slide**.
3. **to drift** : *dériver, errer sans but* ; **adrift** : adj., *à la dérive*.
4. **fleck** : *tache* ; **speck** : *tache très petite*.
5. **file** [faɪl] : *dossier* ; **to file** : *classer* ; **to open / to close a file** : *ouvrir, fermer un dossier*.
6. **it was no good trying** : *cela ne servait à rien d'essayer*.
7. **to snap** : *se briser avec un bruit sec* ; aussi **to snap at someone** : *parler à quelqu'un d'un ton cassant*.
8. **to count** : *compter* ; **an accountant** : *un comptable*.
9. ici : *découvert*. Le contraire serait **closed**.
10. **parched** : *desséché, assoiffé* ; **parching heat** : *chaleur torride*. **I'm parched** : *je meurs de soif*.
11. = **hello**, l'orthographe transcrit la prononciation d'Isabel.

Une large rivière où barbotaient des enfants nus apparut lentement puis s'évanouit. Le ciel pâle brillait, et très haut planait un seul oiseau, comme une tache sombre dans une pierre précieuse.

« Nous avons consulté la correspondance de notre client... » La dernière phrase qu'il avait lue résonnait dans son esprit. « Nous avons consulté... » William se raccrocha à cette phrase, mais ce fut inutile ; elle se brisa au milieu, et les champs, le ciel, l'oiseau qui planait, l'eau, tout dit : « Isabel. » C'était pareil chaque samedi après-midi. Quand il se rendait vers Isabel, commençaient ces innombrables rencontres imaginaires. Elle était à la gare, un peu à l'écart de tout le monde ; elle était assise dans le taxi découvert, à l'extérieur ; elle était au portail du jardin ; elle traversait la pelouse jaunie ; elle se tenait à la porte, ou juste dans l'entrée.

Et sa voix claire, légère, disait : « C'est William ! » ou « Bonjour, William ! » ou « Alors, William est arrivé ! » Il touchait sa main fraîche, sa joue fraîche.

La fraîcheur exquise d'Isabel ! Quand il était petit garçon, son bonheur était de courir dans le jardin après une averse, et de secouer sur lui le rosier. Isabel était ce rosier, cette douceur de pétales, cette fraîcheur étincelante. Et il était toujours ce petit garçon. Mais, maintenant, on ne pouvait plus courir dans le jardin, ni rire, ni secouer le rosier. La douleur sourde et tenace se réveilla dans sa poitrine. Il se redressa, rejeta les papiers et ferma les yeux.

---

12. **delight** : *joie*. Ce subst. est plus fort que **joy** ou **happiness**, moins fort que **bliss** *(félicité)*.

13. **shower of rain** : *averse* (cf. **shower** : *la douche*) ; **a down-pour** : *une averse très forte*.

14. littéralement : *buisson de roses*.

15. **petal-soft** : le premier terme qualifie le second, comme d'habitude en anglais : *douce comme un pétale de rose, d'une douceur de pétale* ; cf. **ice-cold** : *froid comme de la glace*.

16. **to sparkle** : *briller, scintiller*. Se dit des diamants, des étoiles, mais aussi de la conversation.

17. **still** : adv., *encore* (**still** : adj., *immobile, calme*).

18. **there was no** + verbe en **-ing** : *il n'y avait pas moyen de*. **There's no saying what will happen** : *on ne peut pas dire ce qui se passera*.

19. **to draw (drew, drawn) up** : *ramener*.

"What is it, Isabel? What is it?" he said tenderly. They were in their bedroom in the new house. Isabel sat on a painted stool before the dressing-table that was strewn [1] with little black and green boxes.

"What is what, William?" And she bent forward, and her fine [2] light hair fell over her cheeks.

"Ah, you know!" He stood in the middle of the strange room and he felt a stranger. At that Isabel wheeled round [3] quickly and faced [4] him.

"Oh, William!" she cried imploringly, and she held up the hair-brush. "Please! Please don't be so dreadfully stuffy [5] and – tragic. You're always saying or looking or hinting [6] that I've changed. Just because I've got to know [7] really congenial [8] people, and go about more, and am frightfully keen [9] on – on everything, you behave as though I'd" – Isabel tossed back her hair and laughed – "killed our love or something. It's so awfully absurd" – she bit her lip – "and it's so maddening, William. Even this new house and the servants you grudge me."

"Isabel!"

"Yes, yes, it's true in a way," said Isabel quickly. "You think they are another bad sign. Oh, I know you do. I feel it," she said softly, "every time you come up the stairs. But we couldn't have gone on [10] living in that other poky [11] little hole, William. Be practical, at least [12]! Why, there wasn't enough room for the babies even."

---

1. **to strew, strewed, strewn** : *répandre, éparpiller*.
2. **fine** signifie à la fois *fin* et *beau* ; **fine weather** : *beau temps*. **That's fine** : *c'est parfait*.
3. **to wheel round** : *tourner* (comme une roue).
4. **to face** : *faire face, affronter* ; **let's face it** : *regardons les choses en face*.
5. **stuffy** : *guindé* ; **stuffy weather** : *temps étouffant*. **To stuff a chicken** : *farcir un poulet* ; **stuffing** : *farce*.
6. **to hint, to drop a hint** : *insinuer*.
7. **I've got to know** : sens fort de **to get** : *réussir, parvenir à*. Dans un autre contexte, il pourrait s'agir de **have got to** exprimant l'obligation, et l'expression se traduirait par : *je dois savoir ; il faut que je sache*.
8. **congenial** : *aimable, sociable*.
9. **keen** : *passionné*. **A keen knife** : *un couteau aiguisé*.

« Qu'y a-t-il, Isabel ? Qu'y a-t-il ? » demandait-il tendrement. Ils étaient dans leur chambre dans la nouvelle maison. Isabel était assise sur un tabouret peint devant la coiffeuse couverte de petites boîtes noires et vertes.

« Mais quoi, William ? » Elle se pencha et ses fins cheveux blonds retombèrent sur ses joues.

« Ah, tu sais bien ! » Debout au milieu de cette chambre étrangère, il se sentit étranger. Alors Isabel se retourna vivement et lui fit face.

« Oh, William ! » implora-t-elle, en levant la brosse à cheveux. « Je t'en prie, ne sois pas si solennel, ne prends pas cet air tragique. Tu es toujours en train de dire, de laisser entendre ou d'insinuer que j'ai changé. Simplement parce que j'ai fait la connaissance de gens vraiment charmants, et que je sors plus souvent, et que je suis passionnée par tout, tu te conduis comme si j'avais — Isabel rejeta les cheveux en arrière et se mit à rire — tué notre amour ou fait je ne sais quoi. C'est si absurde — elle se mordit les lèvres — et si exaspérant, William. Tu sembles me reprocher même cette nouvelle maison et les domestiques. »

« Isabel ! »

« Mais si, mais si, c'est un peu vrai, rétorqua Isabel. Tu y vois encore un mauvais signe. Oh, je le sais bien. Je le sens, dit-elle doucement, chaque fois que je monte l'escalier. Mais on n'aurait pas pu continuer à vivre dans ce petit trou minable, William. Sois pratique au moins ! Allons, il n'y avait même pas la place pour les enfants. »

---

10. **to go on** + verbe en –**ing**, comme les autres verbes indiquant le commencement, la continuation d'une action, ou sa fin : **to start running, to go on running, to stop running.**

11. **poky** : *sombre, exigu.*

12. **at least** : *au moins* ; cf. **little, less, least** ; **the least he could do** : *le moins qu'il pouvait faire* (employé comme pronom, ou comme adj. **the least money** : *le moins d'argent*).

71

No, it was true. Every morning when he came back from chambers [1] it was to find the babies with Isabel in the back drawing-room. They were having rides [2] on the leopard skin thrown over the sofa back, or they were playing shops with Isabel's desk for a counter or Pad was sitting on the hearthrug [3] rowing away [4] for dear life [5] with a little brass fire-shovel, while Johnny shot at pirates with the tongs. Every evening they each had a pick-a-back [6] up the narrow stairs to their fat old Nanny [7].

Yes, he supposed it was a poky little house. A little white house with blue curtains and a window-box of petunias. William met their friends at the door with "Seen our petunias? Pretty terrific for London, don't you think?"

But the imbecile thing, the absolutely extraordinary thing was that he hadn't the slightest [8] idea that Isabel wasn't as happy as he [9]. God, what blindness!

He hadn't the remotest notion in those days [10] that she really hated that inconvenient [11] little house, that she thought the fat Nanny was ruining the babies, that she was desperately lonely [12], pining [13] for new people and new music and pictures and so on. If they hadn't gone to that studio party at Moira Morrison's [14] – if Moira Morrison hadn't said as they were leaving, "I'm going to rescue [15] your wife, selfish man. She's like an exquisite little Titania [16]" – if Isabel hadn't gone with Moira to Paris – if – if...

The train stopped at another station. Bettingford. Good heavens! They'd be there in ten minutes.

---

1. **chambers** : *étude d'avocat, bureau.*
2. **to have a ride** : to ride : *faire un tour.* Cf. : to have a fight : *se battre* ; to have a dream : *rêver.*
3. hearth [ha:θ] : *foyer.*
4. **row away** : *ne cesser de ramer* ; à distinguer de l'autre sens de to row away : *partir en ramant* ; to work away : *travailler sans arrêt.*
5. **for dear life** : *comme si la vie en dépendait.*
6. **pick-a-back** : *un tour sur le dos* de quelqu'un. **Each** dans cette phrase est employé comme pronom : *chacun* ; il peut également être adj. : **each child** : *chaque enfant* ; il est toujours suivi du sing. comme **every** (sauf dans le cas de **every two weeks**, qui correspond en fait à **every (period of) two weeks**).
7. **nanny** : fam. pour nurse.
8. **the slightest idea** : the least idea. Superlatif de slight : *mince,*

72

Non, c'était vrai. Chaque matin, quand il rentrait du bureau, il trouvait Isabel et les petits dans le salon du fond. Ils faisaient des chevauchées sur la peau de léopard jetée sur le dossier du canapé, ou bien ils jouaient au marchand avec le bureau d'Isabel qui servait de comptoir, ou alors Paddy était assis sur le tapis, ramant de toutes ses forces avec la petite pelle à feu en cuivre, tandis que Johnny tirait sur des pirates avec les pincettes. Chaque soir, il les prenait à tour de rôle sur son dos pour grimper l'escalier étroit qui menait à leur grosse vieille Nounou.

Oui, c'était sans doute un petit trou minable. Une petite maison blanche avec des rideaux bleus et une caisse de pétunias à la fenêtre. William accueillait leurs amis à la porte, en disant « Vous avez vu nos pétunias ? Pas mal pour Londres, n'est-ce pas ? »

Mais la chose idiote, la chose absolument extraordinaire était qu'il ne s'était vraiment pas rendu compte qu'Isabel n'était pas aussi heureuse que lui. Dieu, quel aveuglement !

Dans ce temps-là, il n'avait même pas soupçonné qu'en réalité Isabel détestait la petite maison incommode, qu'elle pensait que la grosse Nounou élevait mal les petits, qu'elle se sentait terriblement seule, qu'elle avait soif de nouvelles relations, de nouvelle musique, de tableaux, et de ce genre de choses. S'ils n'étaient pas allés à cette soirée chez Moira Morrison, si Moira Morrison n'avait pas déclaré à leur départ : « Je vais sauver votre femme, espèce d'égoïste. Elle est comme une exquise petite Titania » — si Isabel n'était pas allée à Paris avec Moira — si... si...

Le train s'arrêta à une autre gare. Bettingford. Ciel ! Dans dix minutes, ils seraient arrivés.

---

léger ; **he spoke with a slight accent ≠ a broad accent**.
9. sous entendu **was** ; mais on trouve souvent **him**.
10. *ces jours-là*, s'oppose à **these days** : *ces jours-ci*.
11. **convenient** : *commode*. Le subst. français *inconvénient* est traduit par **drawback**.
12. **lonely** : *qui souffre de solitude* ; **alone** : *seul*.
13. **to pine for** : *désirer fortement, se languir pour* ; **to pine away** : *dépérir*.
14. le cas possessif renvoie ici à **house, studio** ; cf. **at the grocer's (shop)**.
15. **to rescue** [reskju:] : *sauver*.
16. la reine des fées dans *Le Songe d'une nuit d'été* (*A Midsummer Night's Dream*) de Shakespeare. Sous l'effet d'un charme, elle tombe amoureuse d'un rustre avec un bonnet d'âne (peut-être William, dans l'esprit de Moira...).

William stuffed the papers back into his pockets; the young man opposite had long since[1] disappeared. Now the other two got out. The late afternoon sun shone on women in cotton frocks and little sunburnt[2], barefoot children. It blazed on a silky yellow flower with coarse[3] leaves which sprawled[4] over a bank of rock. The air ruffling[5] through the window smelled of the sea. Had Isabel the same crowd[6] with her this week-end, wondered William?

And he remembered the holidays they used to have, the four of them[7], with a little farm girl, Rose, to look after the babies. Isabel wore[8] a jersey and her hair in a plait; she looked about fourteen. Lord! how his nose used to peel! And the amount they ate, and the amount[9] they slept in that immense feather bed with their feet locked together...

William couldn't help[10] a grim smile as he thought of Isabel's horror if she knew the full extent[11] of his sentimentality.

"Hillo, William!" She was at the station after all, standing just as he had imagined, apart from the others, and – William's heart leapt[12] – she was alone.

"Hallo, Isabel!" William stared. He thought she looked so beautiful that he had to say something, "You look very cool[13]."

"Do I?" said Isabel. "I don't feel very cool. Come along[14], your horrid[15] old train is late. The taxi's outside." She put her hand lightly on his arm as they passed the ticket collector.

---

1. **long since :** *longtemps auparavant* ; **since** est ici adverbe mais il est souvent préposition : **since Saturday**.
2. **sunburnt :** adj. composé d'un nom et d'un part. passé : *brûlé de soleil, hâlé*. Cf. **barefoot** : *pieds nus* (adjectif + nom).
3. **coarse :** *rugueux, rêche*, signifie aussi *vulgaire*.
4. **to sprawl :** *s'étaler*.
5. **to ruffle :** *souffler de façon irrégulière* ; **he ruffled his hair** : *il ébouriffa ses cheveux*. Employé de façon fig., **unruffled** : *calme*.
6. **crowd :** *foule, groupe d'amis, bande*.
7. **the four of them :** *tous les quatre*.
8. **to wear, wore, worn :** *porter*.
9. **amount :** *quantité* ; **the amount it cost** : *la somme que cela coûtait* ; **a vast amount** : *une grande quantité*.

William fourra les papiers dans ses poches ; le jeune homme en face avait disparu depuis longtemps. Maintenant les deux autres sortirent. Le soleil de fin d'après-midi brillait sur des femmes en robe de coton et des petits enfants hâlés aux pieds nus. Il flamboyait sur des fleurs jaunes et soyeuses aux feuilles rêches qui tapissaient un rocher. Les bouffées d'air qui entraient par la fenêtre sentaient la mer. Isabel serait-elle entourée de la même bande d'amis ce week-end, se demanda William ?

Et il se souvint des vacances qu'ils passaient tous les quatre, avec Rosie, une petite paysanne qui gardait les petits. Isabel portait un chandail, et les cheveux en natte ; elle avait l'air d'avoir à peu près quatorze ans. Ciel ! et lui, comme son nez pelait ! Et comme ils mangeaient, et comme ils dormaient dans le grand lit de plume, leurs pieds entremêlés...

William ne put réprimer un amer sourire en pensant à l'air horrifié que prendrait Isabel si elle savait à quel point il était sentimental.

« Bonjour, William ! » Finalement, elle était à la gare, se tenant comme il l'avait imaginé, à l'écart des autres, et — son cœur bondit — elle était seule.

« Bonjour, Isabel ! » William ne pouvait la quitter du regard. Il la trouvait si belle qu'il se sentit forcé de dire quelque chose. « Tu as l'air si fraîche. »

« Ah, oui ? dit Isabel. Je n'ai pas cette impression. Viens donc, ton horrible train est en retard. Le taxi attend dehors. » Elle lui posa légèrement la main sur le bras en passant devant le contrôleur.

---

10. équivaut à **he couldn't help smiling grimly** : *il ne pouvait s'empêcher de sourire sombrement.*
11. **the full extent** : *l'étendue* (entière) ; **the full price** : *le prix fort.*
12. **to leap, leapt, leapt** : *bondir.*
13. **cool** : *frais,* est employé ici aussi dans le sens de *calme* ; cf. **cool-headed** : *qui a la tête froide.*
14. **come along** : *viens avec moi.*
15. **horrid** : *affreux,* aussi passe-partout que **nice,** dans le registre contraire.

"We've all come to meet you," she said. "But we've left Bobby Kane at the sweet shop[1], to be called for[2]."

"Oh!" said William. It was all he could say for the moment.

There in the glare[3] waited the taxi, with Bill Hunt and Dennis Green sprawling on one side, their hats tilted[4] over their faces, while on the other, Moira Morrison, in a bonnet like a huge strawberry[5], jumped up and down.

"No ice! No ice! Ni ice!" she shouted gaily.

And Dennis chimed[6] in from under his hat. "*Only* to be had from the fishmonger's."

And Bill Hunt, emerging, added, "With *whole* fish in it."

"Oh, what a bore[7]!" wailed[8] Isabel. And she explained to William how they had been chasing round the town for ice while she waited for him.

"Simply everything is running down the steep cliffs into the sea, beginning with the butter[9]."

"We shall have to anoint ourselves with the butter," said Dennis. "May thy head, William, lack not ointment[10]."

"Look here," said William, "how are we going to sit? I'd better[11] get up by the driver."

"No, Bobby Kane's by the driver[12]," said Isabel. "You're[13] to sit between Moira and me." The taxi started. "What have you got in those mysterious parcels?"

"De-cap-it-ated heads!" said Bill Hunt, shuddering beneath his hat.

---

1. **sweet shop** : shop for sweets : *magasin de bonbons*.
2. infinitif à la voix passive. **To call for** : *chercher*, veut dire aussi *exiger*.
3. **glare** : *chaleur éblouissante* ; **to glare at someone** : *regarder qqun avec colère*.
4. **to tilt** : *renverser* ; **at full tilt** : *à pleine vitesse*.
5. *fraise* ; **raspberry** : *framboise* ; **gooseberry** : *groseille à maquereau* ; **wild strawberries** : *fraises des bois*.
6. **to chime** : *sonner* (pour une cloche par exemple) ; **to chime in** : *entrer dans la conversation*.
7. **what a bore** : 1) ici, *quel ennui*, 2) *quel raseur*.
8. **to wail** : *gémir, pleurer*.
9. façon de parler très affectée. Mot à mot : *absolument tout se précipite vers la mer du haut des falaises abruptes, y compris le beurre* ; avec un jeu de mots sur **to run** qui signifie à la fois *cou-*

« Nous sommes tous venus te chercher mais nous passerons reprendre Bobby Kane que nous avons laissé à la confiserie.

« Oh ! » dit William. Et ce fut tout ce qu'il put dire.

Le taxi attendait dans la chaleur, Bill Hunt et Dennis Green affalés d'un côté, le chapeau rabattu sur le nez, tandis que de l'autre, coiffée d'un bonnet ressemblant à une énorme fraise, Moira Morrison se trémoussait sans arrêt.

« Pas de glace ! Pas de glace ! » s'écria-t-elle gaiement.

Et Dennis, de dessous son chapeau, fit écho. « Il n'y en a que chez le poissonnier. »

Et Bill Hunt, émergeant, ajouta : « Avec dedans des poissons entiers. »

« Oh, c'est insupportable ! » se plaignit Isabel. Et elle expliqua à William qu'ils avaient fait toute la ville pour en trouver, pendant qu'elle l'attendait.

« Tout semble fondre et dévaler vers la mer, à commencer par le beurre. »

« Il faudra nous oindre de beurre, dit Dennis. William, que ta tête ne manque jamais d'onguent. »

« Dites donc, fit William, comment va-t-on s'installer ? Je ferais mieux de me mettre à côté du chauffeur. »

« Non, c'est la place de Bobby Kane, dit Isabel. Tu te mettras entre Moira et moi. » Le taxi démarra. « Qu'est-ce que tu as dans ces mystérieux paquets ? »

« Des têtes de dé-ca-pi-tés ! » dit Bill Hunt, frissonnant sous son chapeau.

---

rir, et *fondre, couler*. On trouve également **a colour that runs** : *une couleur qui déteint*.

10. **to anoint** : *oindre* (sens sacré) ; **he was anointed king** : *il fut nommé roi* ; **ointment** : *saintes huiles* ; mais aussi *crème, pommade* : **eye-ointment** : *pommade* (médicament) *pour les yeux*. Dennis parle toujours de façon très artificielle, avec le **thy**, forme ancienne, noble, de l'adjectif possessif 2ᵉ personne.

11. **I had better** + inf. sans **to** : *je ferais mieux de* ; cf. **I had rather** : *je préférerais*.

12. **by the driver** : *près du chauffeur* (**near**).

13. **to be to** : futur qui correspond à quelque chose de décidé.

"Oh, fruit !" Isabel sounded very pleased. "Wise [1] William! A melon and a pine-apple. How too nice [2]!"

"No, wait a bit," said William, smiling. But he really was anxious. "I brought them down for the kiddies."

"Oh, my dear!" Isabel laughed, and slipped [3] her hand through his arm. "They'd be rolling in agonies [4] if they were [5] to eat them. No" –she patted his hand– "you must bring them something next time. I refuse to part with my pine-apple."

"Cruel Isabel! Do let me smell it [6]!" said Moira. She flung her arms across William appealingly. "Oh!" The strawberry bonnet fell forward : she sounded quite faint.

"A Lady in Love with a Pine-apple [7]," said Dennis, as the taxi drew up before a little shop with a striped blind. Out came Bobby Kane, his arms full [8] of little packets.

"I do hope [9] they'll be good. I've chosen them because of the colours. There are some round things which really look too divine. And just look at this nougat," he cried ecstatically [10], "just look at it! It's a perfect little ballet!"

But at that moment the shopman appeared. "Oh, I forgot [11]. They're none [12] of them paid for," said Bobby, looking frightened. Isabel gave the shopman a note, and Bobby was radiant again. "Hallo, William ! I'm sitting by the driver." And bare-headed [13], all in white, with his sleeves rolled up [14] to the shoulders, he leapt into his place. "Avanti [15]!" he cried...

After tea the others went off to bathe, while William stayed and made his peace with the kiddies.

---

1. **wise** : *sage* ; **wisdom** : *sagesse*.
2. doublement exclamatif ; Isabel pourrait dire simplement : **too nice** : *trop gentil*, mais elle traite toute l'expression comme un adjectif, et met l'exclamatif **how** devant.
3. **to slip** : *glisser* ; **slippery** : *glissant*.
4. **agony** : *forte douleur* ; **to roll in agony** : *se rouler, se tordre de douleur*.
5. **were** : subjonctif passé après **if** pour exprimer une hypothèse ; **if I were rich** : *si j'étais riche*.
6. forme impérative d'insistance avec **let** + inf. sans **to**. Pourrait se construire : **let me smell it, do !**
7. majuscules, car il s'agit d'un titre de tableau. Dennis ne parle qu'avec des majuscules...
8. cf. **armful** : *brassée* ; **mouthful** : *bouchée* ; **handful** : *poignée*.
9. **hopeful** : *plein d'espoir* ; **hopefully** : *avec espoir* (adv.).

« Oh, des fruits ! » Isabel avait l'air très contente. « Sage William ! un melon et un ananas. Mais c'est charmant ! »

« Non, attends un peu », dit William avec un sourire. En fait, il était inquiet. « Je les ai apportés pour les petits. »

« Oh, mon cher ! » Isabel se mit à rire et lui glissa la main sous le bras. « Ils se tordraient de douleur s'ils en mangeaient. Non — elle lui tapota la main —, tu leur apporteras quelque chose la prochaine fois. Je refuse de me séparer de mon ananas. »

« Cruelle Isabel ! Laisse-moi le sentir », dit Moira. Elle tendit le bras devant William d'un geste suppliant. « Oh ! » Le bonnet en forme de fraise tomba en avant. Sa voix n'était qu'un soupir.

« Dame se pamant devant un ananas », dit Dennis, tandis que le taxi s'arrêtait devant un magasin au store rayé. Bobby Kane en surgit, les bras chargés de petits paquets.

« J'espère vraiment qu'ils seront bons. Je les ai choisis pour leurs couleurs. Il y a des petites boules qui ont l'air absolument divines. Regardez-moi ce nougat, dit-il en extase. Mais regardez donc ! C'est un vrai petit ballet ! »

Le marchand apparut tout à coup. « Oh, j'oubliais, rien n'est payé », dit Bobby, l'air effrayé. Isabel tendit un billet au marchand, et Bobby redevint rayonnant. « Bonjour, William. Je me mets à côté du chauffeur. » Et tête nue, tout en blanc, les manches retroussées jusqu'aux épaules, il bondit à sa place. « Avanti ! » cria-t-il...

Après le thé, les autres partirent se baigner tandis que William restait à la maison et faisait la paix avec les enfants.

---

10. **ecstasy** ['ekstəsɪ] : *extase* ; **ecstatic** [ek'stætik] (adj.).
11. **to forget, forgot, forgotten :** *oublier*.
12. **none :** *aucun* ≠ **some :** *quelques-uns*. Jamais de double négation en anglais : *je n'ai vu personne* : **I saw nobody**.
13. **bare-headed :** adj. composé, adj. + nom + **ed**.
14. **to roll up :** *remonter en roulant* ; **roll down** : *descendre en roulant*.
15. s'il parlait anglais, il crierait **forward !** : *en avant !*

But Johnny and Paddy were asleep, the rose-red [1] glow had paled, bats were flying, and still the bathers [2] had not returned. As William wandered downstairs [3], the maid crossed the hall carrying a lamp. He followed her into the sitting-room. It was a long room, coloured yellow. On the wall opposite William someone had painted a young man, over life-size [4], with very wobbly [5] legs, offering a wide-eyed daisy to a young woman who had one very short arm and one very long, thin one. Over the chairs and sofa there hung strips of black material [6], covered with big splashes [7] like broken eggs, and everywhere one looked there seemed to be an ash-tray full of cigarette ends [8]. William sat down in one of the arm-chairs. Nowadays, when one felt with one hand down the sides, it wasn't to come upon [9] a sheep [10] with three legs or a cow that had lost one horn, or a very fat dove [11] out of the Noah's Ark [12]. One fished up yet another little paper-covered book of smudged [13]-looking poems... He thought of the wad of papers in his pocket, but he was too hungry [14] and tired [15] to read. The door was open; sounds came from the kitchen. The servants were talking as if they were alone in the house. Suddenly there came a loud screech [16] of laughter and an equally loud "Sh!" They had remembered him.

---

1. **rose-red** : *d'une rougeur de rose* ; **snow-white** : *blanc comme la neige* ; **pitch-black** : *noir comme la poix*.
2. **to bathe** [beɪð] : *se baigner*. Distinguer entre **to have a bathe** : *se baigner* (dans la mer, une rivière) et **to have a bath** : *prendre un bain* (dans une baignoire) : **bath-room** : *salle de bains*, par euphémisme *toilettes*.
3. **downstairs** : *en bas* ≠ **upstairs** : *en haut*.
4. **life-size** : *grandeur nature* ; **out-size** : *démesurément grand* ; **larger than life** : *plus grand que nature*.
5. **to wobble** : *trembler sur ses jambes, flageoler*.
6. **material** : *tissu, matériau* (**tissue** : *papier de soie*). Ce terme s'emploie aussi de façon figurée : **material for a novel** : *matière pour un roman*.
7. **to splash** : *éclabousser*.
8. se dit aussi **cigarette butts**.

Mais Johnny et Paddy s'étaient endormis, le rougeoiement avait pâli, les chauves-souris volaient, et pourtant les baigneurs n'étaient pas de retour. Tandis que William errait en bas, la bonne traversa l'entrée, une lampe à la main. Il la suivit dans le salon. C'était une longue pièce jaune. Sur le mur en face de William, quelqu'un avait peint un jeune homme plus grand que nature, peu solide sur ses jambes, offrant une marguerite exorbitée à une jeune femme qui avait un bras très court et l'autre très long et très fin. Les fauteuils et les canapés étaient couverts de morceaux de tissu noir, avec des taches comme des œufs écrasés, et partout où se posait le regard, il semblait y avoir un cendrier rempli de mégots. William s'assit dans un des fauteuils. Maintenant quand on plongeait la main sous les coussins, ce n'était pas pour y trouver un mouton à trois pattes ou une vache qui avait perdu une corne, ou une colombe dodue sortant de l'arche de Noé. On pêchait là encore un petit livre broché de poèmes aux pages maculées... Il pensa à la liasse de papiers dans sa poche, mais il avait trop faim, il était trop fatigué pour lire. La porte était ouverte, des bruits venaient de la cuisine. Les domestiques parlaient comme s'ils étaient seuls dans la maison. Soudain, il y eut un éclat de rire strident, et un « Sh ! » tout aussi fort. On s'était rappelé sa présence.

---

9. **to come upon :** *trouver par hasard.*
10. **sheep :** *mouton* (invariable au pluriel).
11. **dove** [dʌv] **:** *colombe* ; **to coo like a dove :** *roucouler.*
12. il n'y a pas d'article devant les noms propres, sauf s'ils sont employés comme noms communs : **a Rolls Royce.** Ici, il s'agit d'un jouet : **the Noah's Ark** (of the children). **A Mr Smith** veut dire : *un certain Mr Smith.*
13. **smudge :** *tache.* Ici : *marqué de traces de doigts,* sans doute.
14. **to be hungry :** *avoir faim* ; **to be thirsty :** *avoir soif.* **Hunger :** *faim* ; **thirst :** *soif.*
15. **tired :** *fatigué.* **I was too tired to do it :** *j'étais trop fatigué pour le faire* ; ne pas confondre avec **I was tired of doing it :** *j'étais fatigué de le faire.*
16. **to screech :** *glapir* ; **to screech with laughter :** m. à m. *glapir de rire.*

William got up and went through the french windows [1] into the garden, and as he stood there in the shadow he heard the bathers coming up the sandy [2] road; their voices rang [3] through the quiet [4].

"I think it's up [5] to Moira to use her little arts and wiles [6]."

A tragic moan from Moira.

"We ought to have a gramophone for the week-ends that played *The Maid* [7] *of the Mountains*."

"Oh no! Oh no!" cried Isabel's voice. "That's not fair [8] to William. Be nice to him, my children! He's only staying until to-morrow evening."

"Leave him to me," cried Bobby Kane. "I'm awfully good at looking after people."

The gate swung [9] open and shut. William moved on the terrace; they had seen him. "Hallo, William!" And Bobby Kane, flapping [10] his towel, began to leap and pirouette on the parched lawn. "Pity [11] you didn't come, William. The water was divine. And we all went to a little pub [12] afterwards and had sloe gin."

The others had reached the house. "I say [13], Isabel," called Bobby, "would you like me to wear my Nijinsky dress [14] to-night ?"

"No," said Isabel, "nobody's going [15] to dress. We're all starving. William's starving, too. Comme along, *mes amis* [16], let's begin with sardines."

"I've found the sardines," said Moira, and she ran into the hall, holding a box [17] high in the air.

---

1. **french windows** : *portes-fenêtres*.
2. **sand** : *sable* ; **sand-paper** : *papier de verre*.
3. **to ring, rang, rung** : *sonner, résonner* ; **I'll ring you** : *je te téléphonerai*.
4. **quiet** : *calme, silence* ; **be quiet** : *taisez-vous*.
5. **it's up to you** : *c'est à toi* ; **I'm not up to it** : *je n'en ai pas le courage* ; **what are you up to ?** *qu'est-ce que tu trafiques ?*
6. **arts and wiles** : *arts et ruses* ; **wily** : *rusé*.
7. **maid** : *jeune fille*, et aussi *servante*.
8. **fair** : *juste* ≠ **unfair**. Fair signifie aussi *beau, blond*.
9. **to swing, swang, swung open / shut** : *s'ouvrir, se fermer, avec un grand mouvement*.
10. **to flap** : *faire claquer*.
11. **pity** : *dommage*. **What a pity** : *quel dommage*.
12. **pub** : *bistrot typiquement anglais où l'on boit généralement de*

William se leva et passa dans le jardin par la porte-fenêtre, et là, dans l'ombre, il entendit les baigneurs qui remontaient le chemin sablonneux ; leurs pas résonnaient dans le calme.

« Je crois que c'est à Moira de faire assaut de ses charmes. »
Un gémissement tragique de Moira.

« On devrait avoir pour les week-ends un gramophone qui jouerait *La fille des montagnes.* »

« Oh, non ! Oh non ! cria la voix d'Isabel. Ce n'est pas juste vis-à-vis de William. Soyez gentils avec lui, mes enfants. Après tout, il ne reste que jusqu'à demain soir. »

« J'en fais mon affaire, s'écria Bobby Kane. Je sais très bien m'occuper des gens. »

Le portail s'ouvrit et se referma. William fit un mouvement sur la terrasse ; ils l'avaient vu. « Bonsoir, William ! » et Bobby Kane, battant l'air de sa serviette, se mit à faire des bonds et des pirouettes sur la pelouse desséchée. « Dommage que vous ne soyez pas venu, William. L'eau était exquise ! Et ensuite nous sommes tous allés boire une liqueur de prunelle dans un petit bistrot. » Les autres étaient arrivés à la maison. « Isabel, ma chère, voulez-vous que je mette mon costume Nijinsky ce soir ? »

« Non, dit Isabel. On ne s'habille pas. On meurt de faim. Et William aussi. Venez donc, mes amis, commençons par des sardines. »

« J'ai trouvé les sardines », dit Moira, et elle se précipita dans le vestibule, brandissant une boîte.

---

la bière. Le groupe d'amis d'Isabel semble préférer une liqueur particulièrement douce, le **sloe-gin** : *liqueur de prunelle*. Cela ne nous étonne pas de la part de quelqu'un qui fait des pirouettes et veut s'habiller à la Nijinsky...
13. **I say :** façon un peu artificielle d'interpeller quelqu'un.
14. **dress :** ici signifie plutôt *costume* que *robe*...
15. **to be going to** sert à indiquer un futur proche, ou dont on est sûr.
16. Isabel parle français, signe de snobisme, comme son ami Bobby parlait italien dans le taxi.
17. généralement : **a tin**.

"A Lady with a Box of Sardines," said Dennis gravely.
"Well, William, and how's London?" asked Bill Hunt, drawing[1] the cork out of a bottle of whisky.
"Oh, London's not much changed," answered William.
"Good old London," said Bobby, very hearty[2], spearing[3] a sardine.

But a moment later William was forgotten. Moira Morrison began wondering[4] what colour one's legs really were under water.

"Mine[5] are the palest, palest mushroom colour[6]."

Bill and Dennis ate enormously. And Isabel filled glasses, and changed plates, and found matches, smiling blissfully[7]. At one moment she said, "I do wish[8], Bill, you'd paint it."

"Paint what?" said Bill loudly[9], stuffing his mouth with bread.

"Us," said Isabel, "round the table. It would be so fascinating in twenty years'[10] time."

Bill screwed[11] up his eyes and chewed[12]. "Light's wrong," he said rudely, "far too much yellow"; and went on eating. And that seemed to charm Isabel, too.

But after supper they were all so tired they could do nothing but yawn[13] until it was late enough to go to bed...

It was not until[14] William was waiting for his taxi the next afternoon[15] that he found himself alone with Isabel. When he brought his suit-case down into the hall, Isabel left the others and went over to him.

---

1. **to draw out** : *sortir en tirant* ; remarquons que c'est Bill Hunt, l'invité, qui ouvre la bouteille de whisky.
2. **hearty** : *cordial, chaleureux* (faussement ici, bien sûr).
3. **to spear** : *saisir comme avec une lance*. Un bien grand mouvement pour une petite sardine.
4. emploi du verbe en **-ing**, après **to begin, began, begun** (*commencer*) comme après d'autres verbes indiquant le début d'une action (**to start**, par exemple) mais on pourrait aussi trouver l'infinitif : **she began to wonder**.
5. **mine** : pronom possessif 1re personne. **Yours, his, hers, ours, yours, theirs**.
6. le substantif **mushroom** (*champignon*) qualifie **colour** ; le superlatif **palest** qualifie soit **mushroom**, soit **mushroom colour**.
7. **bliss** : *félicité, joie*. Souvenons-nous que *Bliss* est le titre d'une

« Dame portant une boîte de sardines », dit gravement Dennis.

« Eh bien, William, comment va Londres ? » demanda Bill Hunt, en débouchant une bouteille de whisky.

« Oh, Londres ne change guère », répondit William.

« Ce bon vieux Londres », dit Bobby Kane plein d'entrain, tout en piquant une sardine.

Mais un instant plus tard, William était oublié. Moira Morrison commença à se demander quelle était vraiment la couleur des jambes sous l'eau.

« Les miennes sont de la couleur pâle, très pâle des champignons. »

Bill et Dennis mangeaient énormément.

Et Isabel remplissait les verres, changeait les assiettes, trouvait les allumettes, un sourire radieux aux lèvres. A un moment, elle dit : « Je voudrais tellement, Bill, que vous peigniez cela. » « Que je peigne quoi ? » dit Bill très fort, se remplissant la bouche de pain.

« Nous, dit Isabel, autour de cette table. Ce serait tout à fait passionnant dans vingt ans. »

Bill plissa les yeux, sans cesser de mastiquer. « Mauvaise lumière ! dit-il grossièrement. Beaucoup trop de jaune » ; et il continua de manger. Et cela aussi semblait charmer Isabel.

Mais après le dîner, ils étaient tous si fatigués qu'ils ne firent que bâiller jusqu'à ce qu'il fût assez tard pour se coucher.

Ce fut seulement lorsqu'il attendit son taxi l'après-midi suivant que William se trouva seul avec Isabel. Quand il descendit sa valise dans l'entrée, Isabel quitta les autres et vint vers lui.

---

des nouvelles de Katherine Mansfield, devenu celui d'un de ses recueils.
8. **I do wish :** forme emphatique.
9. Bill parle fort, la bouche pleine, ce qui est **rude :** *grossier*.
10. cas possessif pluriel : **in a period of twenty years** ; cf. **in a month's time :** *dans un mois*.
11. *plissa les yeux* ; cf. **screw :** *vis* et **screw-driver :** *tourne-vis* (aussi le nom d'un célèbre cocktail : vodka et orange).
12. **to chew :** *mâcher* ; cf. **chewing-gum. To chew over something :** *méditer sur quelque chose*.
13. **to yawn :** *bâiller, s'ouvrir largement*.
14. **it was not until... that :** *ce n'était pas avant... que*.
15. **the next afternoon :** *l'après-midi suivant* ; **the afternoon before :** *précédent*.

She stooped[1] down and picked up the suit-case[2]. "What a weight[3]!" she said, and she gave a little awkward laugh. "Let me carry it ! To the gate."

"No, why should you[4]?" said William. "Of course not. Give it to me."

"Oh, please do let me[5]," said Isabel. "I want to, really." They walked together silently. William felt there was nothing to say now.

"There," said Isabel triumphantly, setting the suit-case down, and she looked anxiously along the sandy road. "I hardly seem to have seen you this time," she said breathlessly. "It's so short, isn't it ? I feel you've only just come. Next time–" The taxi came into sight. "I hope they look after[6] you properly[7] in London. I'm so sorry[8] the babies have been out[9] all day, but Miss Neil had arranged it. They'll hate missing[10] you. Poor William, going[11] back to London." The taxi turned. "Good-bye!" She gave him a little hurried kiss; she was gone.

Fields, trees, hedges streamed by. They shook through the empty, blind-looking little town, ground[12] up the steep pull to the station. The train was in. William made straight for a first-class smoker, flung back into the corner, but this time he let[13] the papers alone. He folded his arms against the dull, persistent gnawing, and began in his mind[14] to write a letter to Isabel.

The post was late as usual. They sat outside the house in long chairs[15] under coloured parasols.

---

1. **to stoop down** : *se pencher*, cf. **to bend over**.
2. **suit-case** [suːt-keis] ; **a suit** : *un costume*.
3. **to weigh** : *peser* ; a **weighing-machine** : *une balance* ; pour une personne : **scales**.
4. *pourquoi devrais-tu le faire ?*
5. **please do let me** : formule très insistante, avec **let** : permettre + **do** emphatique + **please**.
6. **to look after** : *s'occuper de* ; **to look for** : *chercher*.
7. **proper** : *correct, comme il faut, convenable* ; sert aussi d'intensif : **a proper mess** : *un vrai gâchis*.
8. **I'm sorry** : *je regrette*, aussi **a sorry sight** : *un triste spectacle*.
9. **to be out** : *être sorti* ; **to be in** : *être à la maison*.
10. avec l'infinitif, il faudrait un infinitif passé : **they'll hate to have missed you**. **They'll hate to miss you** ferait allusion à un futur :

Elle se pencha et prit la valise. « Qu'elle est lourde ! dit-elle avec un petit rire gêné. Laisse-moi la porter ! Jusqu'au portail. »

« Mais non, pourquoi ? dit William. Bien sûr que non. Donne-la-moi. »

« Mais je t'en prie, laisse-moi la porter. J'en ai vraiment envie. » Ils marchèrent ensemble en silence. William avait l'impression que maintenant il n'y avait rien à dire.

« Là », dit Isabel d'un air de triomphe, posant la valise et regardant anxieusement le long de la route sablonneuse. « Il me semble que je t'ai à peine vu cette fois, dit-elle, tout essoufflée. C'est si court, n'est-ce pas ? C'est comme si tu venais d'arriver. La prochaine fois... » Le taxi apparut. « J'espère qu'on s'occupe bien de toi à Londres. Je regrette tant que les enfants n'aient pas été là de la journée, mais Mme Neill avait pris ses dispositions. Ils seront désolés de t'avoir manqué. Pauvre William qui retourne à Londres. » Le taxi tourna. « Au revoir ! » Elle lui fit un petit baiser pressé. Elle avait disparu. Les champs, les arbres, les haies défilèrent. On traversa en cahotant la petite ville aveugle et vide, monta en grinçant la pente abrupte vers la gare. Le train était là. William se dirigea tout droit vers un compartiment de première pour fumeurs, se laissa tomber dans un coin, mais cette fois, il ne sortit pas ses papiers. Il croisa les bras sur sa poitrine comme pour se protéger de cette douleur sourde et persistante, et se mit en pensée à écrire une lettre à Isabel.

Le facteur avait du retard comme d'habitude. Ils étaient assis devant la maison dans des chaises longues sous des parasols de couleur.

---

te rater à l'avenir. Mais le verbe en **-ing** est très courant après les verbes exprimant des sentiments (**to love, to enjoy, to prefer, to fear**, etc.). **to miss** : *rater, manquer* ; **a missing person** : *une personne qui a disparu* ; **I miss you** : *vous me manquez*.

11. ici participe présent.

12. **to grind, ground, ground** : *moudre* ; **ground coffee** : *café moulu* ; **coffee grounds** : *marc de café* ; **the train ground to a halt** : *s'arrêta en grinçant*.

13. **to let** ou **leave alone** : *laisser seul*. **Let alone** employé comme conjonction : *sans parler de* ; **he can't read, let alone write** : *il ne sait pas lire, encore moins écrire*.

14. *dans son esprit*. **To mind** : *faire attention à* ; **mind the step** : *faites attention à la marche*. **I don't mind** : *cela ne me fait rien*.

15. **long chair** ou **deck-chair** : *chaise longue*.

Only Bobby Kane lay on the turf at Isabel's feet. It was dull, stifling[1]; the day drooped[2] like a flag.

"Do you think there will be Mondays in heaven?" asked Bobby childishly.

And Dennis murmured, "Heaven will be one long Monday."

But Isabel couldn't help wondering what had happened to the salmon they had for supper last night. She had meant to[3] have fish mayonnaise for lunch, and now...

Moira was asleep. Sleeping was her latest discovery. "It's *so* wonderful. One simply shuts one's eyes, that's all. It's *so* delicious."

When the old ruddy[4] postman came beating[5] along the sandy road on his tricycle one felt the handle-bars[6] ought to have been[7] oars.

Bill Hunt put down[8] his book. "Letters," he said complacently, and they all waited. But, heartless postman – O malignant world! There was only one, a fat one for Isabel. Not even a paper[9].

"And mine's only from William," said Isabel mournfully.

"From William – already?"

"He's sending you back your marriage lines[10] as a gentle reminder[11]."

"Does everybody have marriage lines? I thought they were only for servants."

"Pages and pages! Look at her! A Lady reading a Letter," said Dennis.

---

1. **to stifle :** *étouffer* ; **to stifle a yawn :** *étouffer un bâillement.*
2. **to droop :** *tomber, s'affaisser* ; **his spirits drooped :** *il se découragea.*
3. **to mean to** + inf. : *avoir l'intention de* ; à l'infinitif se prononce [mi:n], au prétérit [ment].
4. **ruddy :** *rouge* (de santé, ou alors à cause de l'effort).
5. **to beat, beat, beaten :** *battre* ; ou *se frayer un passage*. Le substantif **beat** signifie *battement*, mais aussi la *ronde*, la *tournée*.
6. **handle-bars :** *guidon* de bicyclette ; **saddle :** *selle*.
7. **ought to** + infinitif passé **have been** ; façon de traduire l'irréel du passé. On pourrait avoir **should have been**.
8. **to put** employé avec diverses particules adverbiales, ici **down** : *poser*. On dit aussi **to put down an animal** : *faire piquer un animal malade*. **I put it down to anger** : *je l'ai attribué à la colère* ; **to put up with something** : *supporter quelque chose* ; **to put up**

Seul Bobby Kane était étendu dans l'herbe, aux pieds d'Isabel. Il faisait lourd, étouffant. La journée s'alanguissait comme un drapeau sans vent.

« Croyez-vous qu'il y aura des lundis, au paradis ? » demanda Bobby d'une voix enfantine.

Et Dennis murmura : « Le paradis ne sera qu'un lundi sans fin. »

Mais Isabel ne pouvait s'empêcher de se demander ce qu'était devenu le saumon qu'ils avaient mangé la veille au soir. Elle avait eu l'intention de faire du poisson-mayonnaise pour le déjeuner, et maintenant...

Moira dormait. Dormir était sa dernière découverte. « C'est *tellement* merveilleux. On n'a qu'à fermer les yeux et c'est tout. C'est *tellement* délicieux. »

Quand le vieux facteur congestionné remonta péniblement le chemin sur son tricycle, on eut l'impression qu'il lui aurait fallu des rames à la place du guidon.

Bill Hunt posa son livre. « Le courrier », dit-il avec satisfaction, et ils attendirent tous. Mais — ô facteur sans cœur, ô malveillance du monde ! — il n'y avait qu'une lettre, bien épaisse, pour Isabel.

« Et la mienne ne vient que de William », se lamenta Isabel.

« De William, déjà ? »

« Il vous rappelle discrètement vos devoirs de mariage. »

« Y a-t-il des devoirs de mariage pour tout le monde ? Je croyais que ce n'était que pour les domestiques. »

« Des pages et des pages ! Regardez-la ! Dame lisant une lettre », dit Dennis.

---

someone : *loger quelqu'un* ; **to put up money** : *donner de l'argent* ; **to put off** : *remettre à plus tard*. Il faudrait plusieurs pages pour donner les différents sens de ce verbe à particules.
9. **a newspaper** : *un journal*.
10. *acte de mariage* ; les engagements que l'on prend à ce moment-là.
11. **to remind someone of something** : *rappeler quelque chose à quelqu'un* ; **I reminded him to do it** : *je lui ai rappelé de le faire ;* **to remember** : *se souvenir*, se construit avec un complément direct.

My darling, precious Isabel. Pages and pages there were. As Isabel read on[1] her feeling of astonishment changed to a stifled feeling. What on earth had induced William...? How extraordinary it was... What could have made him...? She felt confused, more and more excited, even frightened. It was just like William. Was it? It was absurd, of course, it must[2] be absurd, ridiculous. "Ha, ha, ha! Oh dear!" What was she to do? Isabel flung back[3] in her chair and laughed till she couldn't stop laughing.

"Do, do tell us," said the others. "You must tell us."

"I'm longing to[4]," gurgled[5] Isabel. She sat up, gathered[6] the letter, and waved it at them. "Gather round," she said. "Listen, it's too marvellous. A love-letter[7]!"

"A love-letter! But how divine!" *Darling, precious Isabel.* But she had hardly begun before their laughter interrupted her.

"Go on, Isabel, it's perfect."

"It's the most marvellous find[8]."

"Oh, do go on, Isabel!"

God forbid[9], my darling, that I should be a drag on your happiness.

"Oh! oh! oh!"

"Sh! sh! sh!"

And Isabel went on. When she reached the end they were hysterical[10]: Bobby rolled on the turf and almost sobbed.

---

1. **on : to read on :** *continuer de lire* ; adv. qui traduit l'idée de poursuite de l'action : **to walk on :** *continuer de marcher.* cf. **to keep on doing :** *ne cesser de faire.*
2. **must** exprime ici la quasi-certitude. A distinguer de l'autre emploi de **must** plus bas : **you must tell us**, où il exprime l'obligation.
3. **to fling back :** *se rejeter en arrière.*
4. **to long to do something :** *vouloir ardemment faire quelque chose* ; **longing :** *désir.*
5. **gurgle :** *bruit ou rire de gorge, bruit d'eau, murmure, gargouillis.* A distinguer de **to gargle :** *se gargariser.*
6. elle en réunit les nombreuses feuilles ; cf. : **to gather flowers :** *cueillir des fleurs* ; **gather round :** *réunissez-vous* (autour de moi).
7. le premier substantif qualifie le second.
8. **a find :** *une trouvaille*, du verbe **to find :** *trouver.*

Ma chère, ma précieuse Isabel. Oh, il y en avait des pages et des pages ! Au fur et à mesure qu'elle lisait, Isabel sentit sa surprise se transformer en oppression. Mais qu'est-ce qui avait bien pu pousser William ? Comme c'était extraordinaire... Qu'est-ce qui lui avait pris de... ? Elle se sentit troublée, de plus en plus agitée, effrayée même. C'était bien de William. Et pourtant c'était absurde, bien sûr, ça ne pouvait être qu'absurde, ridicule. « Ha, ha, ha ! Ciel ! » Que fallait-il faire ? Isabel se renversa dans sa chaise et se mit à rire sans pouvoir s'arrêter.

« Racontez ! Racontez-nous ! dirent les autres. Il faut nous raconter. »

« J'en meurs d'envie », gloussa Isabel. Elle se redressa, réunit les feuilles et les agita sous leurs yeux. « Approchez, dit-elle. Écoutez bien. C'est trop inouï. Une lettre d'amour ! »

« Une lettre d'amour ! Mais c'est divin ! »

Ma chère, ma précieuse Isabel. Mais à peine avait-elle commencé que leurs rires vinrent l'interrompre.

« Continuez, Isabel. C'est admirable. »

« Quelle trouvaille merveilleuse. »

« Oh, continuez donc, Isabel. »

Dieu me garde, ma chérie, d'être un obstacle à ton bonheur.

« Oh ! Oh ! Oh ! »

« Sh ! Sh ! Sh ! »

Et Isabel poursuivit. Quand elle arriva à la fin, ils étaient convulsés de rire. Bobby se roulait sur la pelouse ; il en sanglotait presque.

---

9. **God forbid :** m. à m. *que Dieu interdise* ; **to forbid, forbade, forbidden :** *interdire*. **Smoking is strictly forbidden :** *défense absolue de fumer*. **I forbid you to leave :** *je vous interdis de partir* ; **should** est employé après le verbe de volonté **to forbid** (cf. **he insisted that I should come :** m. à m. *il insistait que je devais venir*). 10. **hysterical with laughter,** ou **to be in hysterics :** *rire jusqu'à l'hystérie.*

"You must [1] let me have it just as it is, entire, for my new book," said Dennis firmly. "I shall give it a whole chapter."

"Oh, Isabel," moaned Moira, "that wonderful bit [2] about holding you in his arms!"

"I always thought those letters in divorce cases [3] were made up [4]. But they pale before this."

"Let me hold it. Let me read it, mine [5] own self," said Bobby Kane.

But, to their surprise, Isabel crushed the letter in her hand. She was laughing no longer [6]. She glanced quickly at them all; she looked exhausted. "No, not just now. Not just now," she stammered.

And before they could recover [7] she had run into the house, through the hall, up the stairs into her bedroom. Down [8] she sat on the side of the bed. "How vile, odious, abominable, vulgar," muttered Isabel. She pressed her eyes with her knuckles [9] and rocked to and fro [10]. And again she saw them, but not four, more like forty, laughing, sneering, jeering [11], stretching out their hands while she read them William's letter. Oh, what a loathsome [12] thing to have done. How could she have done it! *God forbid, my darling, that I should be a drag [13] on your happiness.* William ! Isabel pressed her face into the pillow. But she felt that even the grave [14] bedroom knew her for what she was, shallow, tinkling, vain [15]...

Presently from the garden below there came voices.

"Isabel, we're all going for a bathe. Do come!"

---

1. encore un **must** d'obligation suivi d'un infinitif sans **to** : **let**, lui-même suivi d'un inf. simple : **have**.
2. **bit** : *morceau*, ici *passage* de la lettre.
3. **case** : *procès*.
4. *inventées, fabriquées*. Cf. **to make up a basket**, que nous avons déjà vu : *préparer un panier*. D'autres sens de **to make up** : *se réconcilier*, ou bien *se composer* (de).
5. Bobby Kane emploie un langage enfantin : **mine** (pron. pers.) **own self**, au lieu de **my** (adj. pos.) **own self**, ou plus simplement **myself**.
6. ou **no more** ; **long** : *longtemps*.
7. **to recover** : *retrouver ses esprits*, ou *sa santé* ; subst. : **recovery**.
8. la structure de la phrase met cet élément en relief : la pauvre Isabel se sent effondrée.

« Il faudra me la donner telle quelle, en entier, pour mon nouveau roman, dit Dennis. J'y consacrerai tout un chapitre. »

« Oh, Isabel, gémit Moira, et ce passage merveilleux où il parle de vous tenir dans ses bras ! »

« J'avais toujours pensé que les lettres citées dans les procès en divorce étaient inventées de toutes pièces. Mais elles pâlissent devant celle-ci. »

« Laissez-moi la tenir. Laissez-moi la lire. Moi tout seul », dit Bobby Kane.

Mais à leur grande surprise, Isabel avait froissé la lettre dans sa main. Elle ne riait plus. Elle leur jeta à tous un regard rapide. Elle avait l'air épuisée. « Non, pas maintenant. Pas maintenant », balbutia-t-elle.

Et avant qu'ils retrouvent leurs esprits, elle avait couru vers la maison, traversé l'entrée, monté l'escalier jusqu'à sa chambre. Elle s'assit sur son lit. « Répugnant ! Odieux ! Abominable ! Vulgaire ! » marmonna Isabel. Elle mit ses poings sur ses yeux et se balança d'avant en arrière. Et de nouveau, elle les vit, non pas quatre, mais plutôt quarante, pouffant, ricanant, se gaussant, levant les bras au ciel tandis qu'elle leur lisait la lettre de William. Comment avait-elle pu faire une chose aussi détestable ! *Dieu me garde, ma chérie, d'être un obstacle à ton bonheur.* William ! Isabel se cacha la figure dans l'oreiller. Mais elle avait l'impression que la chambre sévère la connaissait pour ce qu'elle était, superficielle, frivole, futile...

Bientôt des voix montèrent du jardin.

« Isabel, on va tous se baigner. Venez donc. »

---

9. *les articulations* de la main. **knuckle-duster** : *coup-de-poing américain*.
10. **to rock** : *se balancer* ; **to and fro** : *d'avant en arrière* ; **to rock a baby** : *bercer un enfant*.
11. série de verbes décrivant des attitudes de mépris : **to laugh** : *rire* ; **to sneer,** toujours hostile : *ricaner* ; **to jeer,** encore plus fort, *railler, se gausser*. Isabel aurait pu ajouter **to snigger** : *rire d'un petit rire narquois*.
12. **to loathe** [louð] : *détester, avoir en horreur*, terme très fort ; **loathing** : *dégoût, répugnance* ; **to be loath** [louθ] **to do something** : *répugner à faire quelque chose*.
13. **drag** : *poids, corvée* ; **what a drag** : *quelle corvée, quelle barbe*.
14. *sérieuse, sévère, austère*.
15. *futile, inutile, orgueilleuse* ; **in vain** : *en vain*.

93

"Come, thou wife of William!"

"Call her once before you go, call once yet!"

Isabel sat up. Now was the moment, now she must decide. Would she go with them, or stay here and write to William. Which[1], which should it be? "I must make up[2] my mind." Oh, but how could[3] there be any question? Of course she would stay here and write.

"Titania!" piped Moira.

"Isa-bel?"

No, it was too difficult. "I'll – I'll go with them, and write to William later. Some other time[4]. Later. Not now. But I shall certainly write," thought Isabel hurriedly.

And, laughing in the new way, she ran down the stairs.

---

1. **which (solution)** : pronom relatif alternatif, se réfère à 2 choses ou 2 personnes.
2. **to make up one's mind :** *se décider.*
3. remarquez l'emploi des formes modales pour traduire les hésitations d'Isabel : **must** d'obligation ; **would she** correspondant à un futur en style direct : **will I**, où l'action dépend de la volonté du personnage ; **should** correspondant au style dir. **shall I**, où la volonté semble s'imposer à elle ; **how could** exprimant l'éventualité, **she would** semblant indiquer que sa décision est prise.
4. **some other time** : à *quelque autre moment.*

« Venez, ô vous, épouse de William ! »

« Appelez encore avant de partir. Appelez encore une fois. »

Isabel se redressa. C'était maintenant, maintenant qu'elle devait se décider. Irait-elle avec eux, ou resterait-elle là pour écrire à William ? Mais de quel côté pencherait-elle donc ? « Il faut que je prenne une décision. » Oh, mais comment pouvait-elle hésiter ? Elle allait, bien sûr, rester là et écrire.

« Titania ! » c'était la voix flutée de Moira.

« Isabel ? »

Non, c'était trop difficile. « Je... j'irai avec eux ; j'écrirai à William plus tard. A un autre moment. Oui, plus tard. Mais, j'écrirai sûrement », pensa-t-elle, pressée.

Et riant de son nouveau rire, elle descendit en courant.

The Voyage

Le Voyage

The Picton boat was due to leave [1] at half-past eleven. It was a beautiful night mild, starry, only when they got out of the cab and started to walk down the Old Wharf that jutted out [2] into the harbour, a faint wind blowing off [3] the water ruffled under Fenella's hat, and she put up her hand to keep it on [4]. It was dark on the Old Wharf, very dark; the wool sheds [5], the cattle trucks, the cranes [6] standing up so high, the little squat [7] railway engine, all seemed carved [8] out of solid darkness. Here and there on a rounded wood-pile, that was like the stalk [9] of a huge black mushroom, there hung a lantern, but it seemed afraid to unfurl [10] its timid, quivering [11] light in all that blackness; it burned softly, as if for itself.

Fenella's father pushed [12] on with quick, nervous strides. Beside him her grandma bustled along in her crackling [13] black ulster [14]: they went so fast that she had now and again to give an undignified little skip to keep up with them. As well as her luggage strapped [15] into a neat sausage, Fenella carried clasped to her her grandma's umbrella, and the handle, which was a swan's head, kept giving her shoulder a sharp little peck [16] as if it too wanted her to hurry... Men, their caps pulled down, their collars [17] turned up, swung by; a few women all muffled [18] scurried along; and one tiny boy, only his little black arms and legs showing out of a white woolly [19] shawl, was jerked along [20] angrily between his father and mother; he looked like a baby fly that had fallen into the cream.

---

1. *programmé pour partir, devait partir.* **I'm due there at 6** : *on m'y attend à 6 h* ; **due to an accident** : *à cause d'un accident.*
2. **to jut out** : *s'avancer* ; **to jut in** : *s'enfoncer.*
3. **off** : préposition ; *soufflant de la mer.* En particule adverbiale : **the wind blew her hat off** : *le vent fit tomber son chapeau.*
4. **to keep (kept, kept) on** : *retenir* ; à distinguer de l'emploi particulier de **to keep on** + v. en *-ing* : *ne cesser de.* **I keep (on) losing my keys** : *je perds toujours mes clefs.* Cf. plus bas **kept giving her shoulder** : *ne cessait de donner à son épaule.*
5. cf. **tool-shed** : *remise à outils.*
6. *grue* ; même mot pour l'oiseau.
7. **to squat** : *s'accroupir* ; cf. **squatter** : *quelqu'un qui occupe illégalement une maison.*
8. **to carve** : *tailler, découper* ; **a carving-knife** : *un couteau à découper.*

Le bateau de Picton devait partir à onze heures trente. C'était une belle nuit, douce, étoilée, mais quand ils sortirent de la voiture et se mirent à descendre vers le Vieux Quai qui s'avançait dans le port, un vent léger venu de la mer souffla sous le chapeau de Fenella, et elle leva la main pour le retenir. Il faisait sombre sur le Vieux Quai, très sombre. Les entrepôts de laine, les camions à bestiaux, les grues qui se dressaient si haut, la petite locomotive trapue, tout semblait taillé dans une obscurité compacte. Ici et là, sur un tas de bois arrondi comme le pied d'un énorme champignon noir, était accrochée une lanterne, mais elle semblait craindre de déployer sa timide lumière ; elle brûlait doucement, comme pour elle seule.

Le père de Fenella avançait à pas rapides et nerveux. Près de lui, se hâtait sa grand-mère, son manteau noir crissant à chaque mouvement. Ils allaient si vite qu'elle devait de temps en temps faire un petit bond sans aucune dignité pour se maintenir à leur hauteur. Outre son bagage bien sanglé en forme de saucisse, Fenella serrait contre elle le parapluie de sa grand-mère, et la poignée en tête de cygne ne cessait de lui donner à l'épaule de petits coups de bec comme pour lui dire, elle aussi, de se dépêcher... Des hommes, la casquette rabattue, le col relevé, les dépassaient rapidement ; quelques femmes tout emmitouflées trottinaient, et un minuscule garçon dont on ne voyait que les bras noirs et les jambes sous un châle de laine blanche était tiraillé nerveusement entre son père et sa mère ; on aurait dit une petite mouche tombée dans la crème.

---

9. **stalk** [stɔ:k] : *tige, pied* ; **to stalk** : *suivre à la trace.*
10. *déployer* ; **to furl** : *replier.*
11. **to quiver :** *trembler légèrement* ; plus fort : **to shiver, to shake, to shudder, to quake** ; **earth-quake :** *tremblement de terre.*
12. série de verbes de mouvement : **to push on :** *s'avancer* ; **strides :** de **to stride :** *marcher à grandes enjambées* ; **to bustle along :** *s'affairer* ; **to go fast :** *aller vite* ; **to skip :** *sauter.*
13. **to crackle :** *crépiter, grésiller* ; **the fire crackles :** *le feu pétille.*
14. manteau épais qui vient de l'Ulster en Irlande.
15. **to strap :** *attacher avec une courroie.*
16. **to peck :** *picorer.*
17. **to collar someone :** *attraper quelqu'un par le col.*
18. **to muffle a sound :** *étouffer un bruit* ; **a muff :** *une écharpe.*
19. **woolly :** *laineux, de laine* (au fig. **wooly ideas :** *des idées fumeuses*) ; **woollen :** *en lainage.*
20. **to jerk along :** *tirer par à-coups.*

Then suddenly, so suddenly that Fenella and her grandma both leapt[1], there sounded[2] from behind the largest wool shed, that had a trail[3] of smoke hanging over it, *Mia-oo-oo-O-O!*

"First whistle," said her father briefly, and at that moment they came in sight of the Picton boat. Lying beside the dark wharf, all strung[4], all beaded[5] with round golden lights, the Picton boat looked as if she was more ready to sail[6] among stars than out into the cold sea. People pressed along the gangway. First went her grandma, then her father, then Fenella. There was a high step[7] down on to the deck, and an old sailor in a jersey[8] standing by[9] gave her his dry, hard hand. They were there; they stepped out of the way of the hurrying people, and standing under a little iron stairway that led to the upper deck[10] they began to say good-bye.

"There, mother, there's your luggage!" said Fenella's father, giving grandma another strapped-up[11] sausage.

"Thank you, Frank."

"And you've got your cabin tickets safe[12]?"

"Yes, dear."

"And your other tickets?"

Grandma felt for them inside her glove[13] and showed him the tips[14].

"That's right[15]."

He sounded stern, but Fenella, eagerly[16] watching him, saw that he looked tired and sad. *Mia-oo-oo-O-O!*

---

1. subst. **leap** : *bond.*
2. **to sound** : *résonner, faire un bruit* et *sembler* (d'après le bruit).
3. **trail** : *traînée, trace* ; **to follow a trail** : *suivre une piste.*
4. **to string, strung, strung** : *suspendre* ; **a string of pearls** : *un collier de perles* : **string** : *ficelle.*
5. **bead** : *perle de verre* ; **beads of sweat** : *gouttes de sueur.*
6. **to sail** : *voguer, naviguer* (pas nécessairement à la voile ; **a sail** : *une voile*).
7. *marche.* **Mind the step** : *attention à la marche.*
8. *pull-over.*
9. **to stand by** : *se tenir à côté, se tenir prêt* ; **a stand-by ticket** : *un billet de dernière minute* (on attend pour savoir si on a une place ; on est sur liste d'attente).
10. **upper deck** : *pont supérieur,* ≠ **lower deck** : *pont inférieur* ; **a deck-chair** : *une chaise longue.*

Et puis soudain, si brusquement que Fenella et sa grand-mère firent un bond, on entendit, derrière le plus grand des entrepôts que surmontait une traînée de fumée : Miaou ou ou !

« Premier coup de sifflet », dit brièvement son père, et alors ils virent le bateau de Picton. Le long du quai obscur, tout enguirlandé, tout constellé de perles de lumière, le bateau de Picton semblait plutôt se préparer à voguer vers les étoiles qu'à sortir dans la mer froide. Des gens se pressaient sur la passerelle. D'abord monta sa grand-mère, puis son père, puis Fenella. Pour descendre sur le pont, il fallait sauter, et un vieux marin en tricot qui se trouvait là lui tendit sa main sèche et calleuse. Ils étaient arrivés ; ils s'écartèrent des gens qui se dépêchaient, et, debout sous un petit escalier de fer qui menait au pont supérieur, ils commencèrent à faire leurs adieux.

« Tiens, maman, voilà tes affaires ! » dit le père de Fenella, donnant à grand-mère un autre baluchon en forme de saucisse.

« Merci, Frank. »

« Et tu as tes billets de cabine ? »

« Oui, mon chéri. »

« Et les autres billets ? »

Grand-mère les chercha dans son gant et lui en montra les bouts.

« C'est parfait. »

Sa voix semblait sévère mais en l'observant de près, Fenella vit qu'il était fatigué et triste. Miaou ou ou !

---

11. participe passé de **to strap up** : *attaché avec une courroie*. La saucisse en question est bien sûr son sac.
12. cf. **have you got them ready?**
13. **glove** : [glʌv].
14. **tip** : *bout, extrémité* ; **to tip someone** : *donner un pourboire* ou alors : *avertir* ; **a good tip** : *un bon tuyau*.
15. **all** vient souvent renforcer le sens de **right** (≠ **wrong**).
16. **eager** : *ardent, enthousiaste* ; **eager for power** : *être avide de pouvoir*.

101

The second whistle blared [1] just above their heads, and a voice like a cry shouted, "Any more for the gangway?"

"You'll give my love to father," Fenella saw her father's lips [2] say. And her grandma, very agitated, answered, "Of course I will, dear. Go now. You'll be left [3]. Go now, Frank. Go now."

"It's all right, mother. I've got another three minutes [4]." To her surprise Fenella saw her father take off his hat. He clasped grandma in his arms and pressed her to him. "God bless [5] you, mother!" she heard him say [6].

And grandma put her hand, with the black thread [7] glove that was worn through [8] on her ring [9] finger, against his cheek, and she sobbed, "God bless you, my own [10] brave son!"

This was so awful [11] that Fenella quickly turned her back [12] on them, swallowed once, twice, and frowned terribly at a little green star on a mast head. But she had to turn round again; her father was going.

"Good-bye, Fenella. Be a good girl."

His cold, wet moustache [13] brushed her cheek. But Fenella caught hold [14] of the lapels of his coat.

"How long am I going to stay?" she whispered [15] anxiously. He wouldn't [16] look at her. He shook her off [17] gently, and gently said, "We'll see about that. Here! Where's your hand?" He pressed something into her palm. "Here's a shilling in case you should need [18] it."

---

1. **blaring music** : *musique assourdissante*.
2. **to lip-read** : *lire sur les lèvres* ; **lip-stick** : *rouge à lèvres*.
3. *tu seras laissé (à bord)*, du verbe **to leave, left, left** au futur de la voix passive.
4. **another three minutes** [minits] **(more)** : *encore trois minutes*.
5. **bless you !** ou **God bless** sont des formes plus courtes de cette même expression ; **blessing** : *bénédiction*.
6. **she heard him say** : v. de perception suivi d'un infinitif sans **to** : *elle l'entendit dire*. On pourrait également avoir le v en -**ing** : she heard him saying.
7. **thread** : *fil* ; **to thread a needle** : *enfiler une aiguille*.
8. **to wear, wore, worn** : *porter* (un vêtement) ; **to wear out** : *porter jusqu'à l'usure*. **It was worn through**, *il était complètement usé*. On peut employer **worn out** de façon figurée : *être épuisé*.
9. le doigt qui porte la bague de mariage.
10. **own** renforce le possessif ; m. à m. *mon propre fils à moi*.
11. **awful** signifie littéralement *qui remplit d'horreur* (**awe**, *horreur*) mais il est employé couramment avec un sens affaibli. **I'm**

Le second coup de sifflet retentit, strident, au-dessus de leurs têtes, et une voix lança comme un cri : « Plus personne pour descendre ? »

« Tu embrasseras papa pour moi », lut Fenella sur les lèvres de son père. Et sa grand-mère, très agitée, répondit : « Bien sûr, mon chéri. Pars maintenant. Après, ce sera trop tard. Pars maintenant, Frank, maintenant. »

« Ça ira, maman. J'ai encore trois minutes. »

Fenella fut surprise de le voir enlever son chapeau. Il prit grand-mère dans ses bras et la serra contre lui. Elle l'entendit dire : « Dieu te bénisse, mon brave enfant ! »

C'était tellement affreux que Fenella leur tourna vite le dos ; elle déglutit une fois, deux fois, et fronça énergiquement les sourcils en fixant une petite étoile verte à la tête d'un mât. Mais elle fut forcée de se retourner. Son père partait.

« Adieu, Fenella. Sois sage ! »

Sa moustache froide et humide lui frôla la joue, mais Fenella le saisit par les revers de sa veste.

« Combien de temps vais-je rester ? » chuchota-t-elle d'une voix inquiète. Il ne voulait pas la regarder. Il la repoussa doucement, et doucement lui dit : « Nous verrons. Tiens ! où est ta main ? » Il lui glissa quelque chose dans la paume. « Voilà un shilling, pour si tu en as besoin. »

---

awfully pleased : je suis terriblement contente, ravie.
12. distinguer entre **to turn one's back** : *tourner le dos* et **to turn back** : *retourner sur ses pas, se retourner*. cf. **to turn round**.
13. **moustache** : [mus'ta:ʃ].
14. **catch, caught, caught** : *saisir* ; **hold** : *prise*.
15. aussi **a whisper**, subst. : *un chuchotement*.
16. sens fort de **would** : *il ne voulait pas, il refusait* ; cf. **I will** : *je le veux (au cours de la cérémonie du mariage par exemple). On trouve* **will** *employé comme verbe à sens plein et non comme auxiliaire* : **he willed it** : *il l'a voulu*. **Will**, subs. : *volonté*, et aussi *testament*.
17. **to shake (shook, shaken) off** : *repousser en secouant*.
18. **should** après **in case** pour l'hypothétique ; **to need** : *avoir besoin* ; **it needed a lot of courage** : *il fallait beaucoup de courage* ; **to need to**, auxiliaire qui existe à tous les temps, **I need to do it** : *j'ai besoin de le faire*, à la forme négative **you don't need to do it** et **you needn't do it** traduisent l'absence d'obligation. Pour l'interdiction, on emploi **must not** (*il ne faut pas...*).

A shilling! She must be going away for ever! "Father!" cried Fenella. But he was gone. He was the last off the ship [1]. The sailors put their shoulders to the gangway. A huge coil [2] of dark rope went flying through the air and fell "thump [3]" on the wharf. A bell rang; a whistle shrilled [4]. Silently the dark wharf began to slip, to slide [5], to edge away from them. Now there was a rush [6] of water between. Fenella strained to see with all her might. "Was that father turning round?" – or waving? – or standing alone? – or walking off by himself? The strip of water grew broader, darker. Now the Picton boat began to swing round steady, pointing out to sea. It was no good [7] looking any longer. There was nothing to be seen but a few lights, the face of the town clock hanging in the air, and more lights, little patches of them, on the dark hills.

The freshening wind tugged at Fenella's skirts; she went back to her grandma. To her relief grandma seemed no longer sad. She had put the two sausages of luggage one on top of the other [8], and she was sitting on them, her hands folded [9], her head a little on one side. There was an intent [10], bright look on her face. Then Fenella saw that her lips were moving and guessed [11] that she was praying. But the old woman gave her a bright nod [12] as if to say the prayer was nearly over. She unclasped [13] her hands, sighed [14], clasped them again, bent forward, and at last gave herself a soft shake.

---

1. **the last off the ship** : *le dernier à quitter le bateau,* ≠ **the first on the ship** : *le premier à monter...*
2. **to coil a rope** : *lover une corde.*
3. le bruit de la corde qui tombe ; **to thump** : *battre.*
4. **shrill** : adj., *aigu.*
5. série de verbes décrivant le glissement ; **to slip** (cf. **to give someone the slip** : *éviter quelqu'un, fausser compagnie.* **To make a slip** : *faire une faute, un lapsus*) ; **to slide, slid, slid** ; **to edge away** : *s'approcher doucement* ; **edge** : *bord.* **To edge nearer** : *s'approcher doucement.*
6. **to rush** : *se précipiter.*
7. **it's no good** + v. en –**ing** : *ça ne sert à rien de...*
8. ≠ **one under the other** ; **top** : *sommet, dessus* ≠ **bottom** : *fond.*
9. **to fold your hands** : *joindre les mains* ; **to fold your arms** : *croiser les bras* ; **to fold** : *plier.*

Un shilling ! Mais alors elle partait pour toujours ! « Papa ! » cria Fenella. Mais il avait disparu. Il fut le dernier à quitter le bateau. Les marins soulevèrent la passerelle. Un énorme rouleau de cordage sombre s'envola puis retomba avec un bruit sourd sur le quai. Une cloche sonna, un sifflet déchira l'air. Silencieusement le sombre quai se mit à glisser, à passer, à s'éloigner doucement. Maintenant un flot de mer les séparait. Fenella chercha désespérément à voir. Était-ce son père là-bas qui se retournait ? ou qui faisait des signes, ou se tenait à l'écart, ou s'éloignait tout seul ? L'étendue d'eau s'élargit, devint plus sombre. Maintenant le bateau de Picton commença à virer régulièrement, cap vers le large. C'était inutile de continuer à regarder. On ne voyait plus que quelques lumières, le cadran de l'horloge suspendu au-dessus de la ville, et encore des lumières, en petits groupes dans les collines sombres.

Le vent fraîchissant tiraillait la jupe de Fenella ; elle retourna auprès de sa grand-mère. Elle fut soulagée de voir qu'elle n'avait plus l'air triste. Elle avait posé les deux baluchons en forme de saucisse l'un sur l'autre et s'était assise dessus, les mains jointes, la tête un peu penchée. Son visage avait une expression absorbée et rayonnante. Puis Fenella vit que ses lèvres bougeaient et devina qu'elle priait. Mais la vieille femme lui fit un signe de tête encourageant comme pour lui dire que la prière était presque finie. Elle décroisa les mains, poussa un soupir, les joignit de nouveau, se pencha, et enfin se secoua doucement.

---

10. **with intent** : *avec intention, de propos délibéré.*
11. **to guess** [ges] **:** *deviner* ; **to have a guess** : *essayer de deviner.* Signifie aussi *supposer.*
12. to **nod** : *hocher la tête, saluer.*
13. to **clasp** ≠ **to unclasp. Un** : souvent le préfixe de l'opposition : to fold ≠ to unfold ; **easy** ≠ **uneasy**, et d'innombrables exemples.
14. **to sigh :** [saɪ] ; **a sigh** : *un soupir.*

"And now, child," she said, fingering[1] the bow[2] of her bonnet-strings, "I think we ought[3] to see about our cabins. Keep close to me, and mind you don't slip[4]."

"Yes, grandma!"

"And be careful the umbrella isn't caught in the stair rail. I saw a beautiful umbrella broken in half[5] like that on my way over."

"Yes, grandma."

Dark figures of men lounged[6] against the rails. In the glow of their pipes a nose shone out, or the peak[7] of a cap, or a pair of surprised-looking eyebrows. Fenella glanced[8] up. High in the air a little figure, his hands thrust[9] in his short jacket pockets, stood staring out to sea. The ship rocked ever[10] so little and she thought the stars rocked too. And now a pale steward in a linen coat, holding a tray high in the palm of his hand, stepped out of a lighted doorway and skimmed past[11] them. They went through that doorway. Carefully over the high brass-bound[12] step on to the rubber[13] mat and then down such a terribly steep flight of stairs[14] that grandma had to put both feet on each step, and Fenella clutched the clammy[15] brass rail and forgot all about the swan-necked umbrella.

At the bottom grandma stopped; Fenella was rather afraid she was going to pray again. But no, it was only to get out the cabin tickets.

---

1. **to finger :** *toucher avec le doigt.*
2. **bow** [bou] **:** *un nœud* ; à distinguer de **bow :** *salut, révérence* qui se prononce [bau].
3. **we ought to :** *nous devrions* ; prétérit modal à sens de conditionnel présent, n'a qu'une forme. Pratiquement syn. de **should**.
4. **mind (that) you don't slip ;** on pourrait avoir l'infinitif à la forme négative : **mind not to slip**.
5. **the half** [ha:f] **:** *la moitié* ; **to halve :** *partager* ; **it's half past two :** *il est deux heures et demie.*
6. **to lounge :** *traîner, s'attarder* ; **a lounge :** *un salon* (d'hôtel), *une salle d'attente.*
7. **the peak of a mountain :** *le sommet d'une montagne.*
8. *lever les yeux rapidement* ; cf. **to glance down, round...**
9. **thrust** invariable au prét. et au p. passé.
10. **ever** renforce l'expression, **I was ever so happy :** *j'étais tellement contente.*

« Et maintenant, mon enfant », dit-elle, jouant avec le nœud des rubans de son bonnet, « je pense qu'il faudrait s'occuper de nos cabines. Reste près de moi et fais attention de ne pas tomber. »

« Oui, grand-mère. »

« Et prends garde de ne pas accrocher le parapluie dans la rampe de l'escalier. A l'aller, j'ai vu un beau parapluie se casser en deux comme ça. »

De sombres silhouettes d'hommes se penchaient sur le bastingage. A la lueur des pipes, on voyait briller un nez ou la visière d'une casquette, ou une paire de sourcils étonnés. Fenella leva les yeux. Tout là-haut se dressait une petite silhouette, les mains enfoncées dans les poches de sa courte veste, le regard tourné vers la mer. Le bateau tanguait un peu et elle pensa que les étoiles tanguaient aussi. Et puis vint un pâle steward en veste de lin, portant bien haut un plateau sur la paume de sa main ; il sortit d'une porte éclairée et les frôla en passant. Elles entrèrent par cette porte. Elles franchirent avec précaution la haute marche bordée de cuivre, passèrent sur le tapis de caoutchouc, puis descendirent un escalier si raide que grand-mère dut mettre les deux pieds sur chaque marche. Fenella, s'agrippant à l'humide rampe en cuivre, oublia tout à fait le parapluie avec sa poignée en tête de cygne.

Grand-mère s'arrêta en bas ; Fenella eut peur qu'elle ne se remette à prier. Mais non, ce n'était que pour sortir les billets de cabine.

---

11. littéralement, *passer à la surface rapidement* (cf. **unskimmed milk** : *lait non écrémé*).
12. **brass** : *cuivre* + participe passé de **to bind, bound, bound** : *lier, fixer* ; cf. l'adj. composé **spell-bound** : *lié comme par un enchantement, fasciné* ; **snow-bound** : *bloqué par la neige*.
13. **rubber** : *caoutchouc* ; **a rubber** : *une gomme* ; **to rub out** : *effacer* ; **a door-mat** : *un paillasson*.
14. **a flight of stairs** : *un escalier*.
15. **clammy** : *humide, moite* ; **a clammy wall** : *un mur suintant*.

They were in the saloon. It was glaring bright and stifling; the air smelled of paint and burnt [1] chop-bones [2] and india-rubber. Fenella wished her grandma would go on, but the old woman was not to be hurried. An immense basket of ham sandwiches caught her eye [3]. She went up to them and touched the top one delicately with her finger.

"How much are the sandwiches?" she asked.

"Tuppence [4]!" bawled [5] a rude steward, slamming [6] down a knife and fork.

Grandma could hardly believe [7] it.

"Twopence *each*?" she asked.

"That's right," said the steward, and he winked [8] at his companion.

Grandma made a small, astonished face [9]. Then she whispered primly [10] to Fenella, "What wickedness [11]!" And they sailed out [12] at the further door and along a passage that had cabins on either side.

Such a very nice stewardess [13] came to meet them. She was dressed all in blue and her collar and cuffs [14] were fastened with large brass buttons. She seemed to know grandma well.

"Well, Mrs. Crane," said she, unlocking their washstand [15]. "We've got you back again. It's not often you give yourself a cabin."

"No," said grandma. "But this time my dear son's thoughtfulness— [16]"

---

1. **to burn, burnt, burnt** : *brûler* ; cf. **sun-burnt** : *hâlé*, que nous avons déjà vu.
2. le premier mot qualifie le second : *os de côtelettes*.
3. **to catch someone's eye** : *attirer l'attention de quelqu'un*, cf. **to catch sight of** : *apercevoir*.
4. **two pence**. A l'époque de Katherine Mansfield, il y avait 12 pence dans un shilling ; maintenant la Grande-Bretagne est passée au système décimal.
5. **to bawl** : *brailler* ; se dit aussi d'un enfant qui pleure.
6. **to slam** : *taper fortement, claquer* ; **to slam on the brakes** : *freiner violemment* ; **to slam down** : *flanquer*.
7. **to believe** : *croire* ; subst. **belief** : *croyance*. **I can't believe it** : *je ne peux pas le croire* ; Le modal **can, could**, exprime ici la notion de capacité.
8. **a wink** : *un clin d'œil*.
9. **to make a face** : *faire la grimace*.

Elles étaient dans le salon. La lumière était aveuglante et l'air étouffant ; il y avait une odeur de peinture, de côtelettes brûlées et de caoutchouc. Fenella souhaitait que sa grand-mère avance, mais la vieille femme refusait de se presser. Un énorme panier de sandwiches au jambon attira son regard. Elle s'en approcha et d'un doigt toucha délicatement celui du dessus.

« C'est combien, les sandwiches ? » demanda-t-elle.

« Deux pence », brailla grossièrement le garçon, en jetant sur la table un couteau et une fourchette.

Grand-mère n'en croyait pas ses oreilles.

« Deux pence *chacun* ? » demanda-t-elle.

« C'est bien ça », dit le garçon, et il fit un clin d'œil à son compagnon.

Grand-mère eut une petite moue étonnée. Puis elle chuchota vertueusement à Fenella : « Quelle honte ! » Et elles sortirent bien dignes par l'autre porte, et suivirent un passage bordé de cabines. Quelle gentille femme de chambre vint à leur rencontre ! Elle était habillée de bleu, avec le col et les manchettes fermées par de gros boutons de cuivre. Elle semblait connaître grand-mère.

« Eh bien, Mme Crane, dit-elle en ouvrant le couvercle du lavabo, vous voilà de retour. Ce n'est pas souvent que vous prenez une cabine. »

« Non, dit grand-mère. Mais cette fois mon cher fils plein d'attentions... »

---

10. **prim :** (adj.) *guindé, convenable.* On dit souvent **prim and proper :** *collet monté.*
11. substantif très fort qui veut dire : *vilenie, méchanceté* ; **wicked :** adj., *malfaisant, mauvais.*
12. **to sail out :** ici, *sortir fièrement* (comme un bateau).
13. féminin de **steward** ; cf. **author, authoress** (mais on trouve aussi **author** pour une femme), **lion, lioness**.
14. cf. **cuff-links :** *boutons de manchette.*
15. **washstand :** *lavabo* (sur pied, avec un couvercle) ; cf. **washbasin**, même sens.
16. **thoughtful :** adj., *attentionné*. Le suffixe –**ness** sert à former des substantifs : **happiness, sickness**, etc.

109

"I hope –" began the stewardess. Then she turned round and took a long, mournful look[1] at grandma's blackness[2] and at Fenella's black coat and skirt, black blouse, and hat with a crape rose.

Grandma nodded[3]. "It was God's will[4]," said she.

The stewardess shut her lips and, taking a deep breath[5], she seemed to expand.

"What I always say is," she said, as though it was her own discovery, "sooner or later[6] each[7] of us has to go, and that's a certingty[8]." She paused. "Now, can I bring you anything, Mrs. Crane? A cup of tea? I know it's no good offering you a little something to keep the cold out[9]."

Grandma shook her head. "Nothing, thank you. We've got a few wine biscuits[10] and Fenella has a very nice banana."

"Then I'll give you a look[11] later on," said the stewardess; and she went out, shutting the door.

What a[12] very small cabin it was! It was like being shut up in a box with grandma. The dark round eye above the washstand gleamed at them dully[13]. Fenella felt shy[14]. She stood against the door, still clasping her luggage[15] and the umbrella. Were they going to get undressed[16] in here? Already her grandma had taken off her bonnet and, rolling up the strings[17], she fixed each with a pin to the lining[18] before she hung the bonnet up. Her white hair shone like silk; the little bun[19] at the back was covered with a black net.

---

1. **to take a look** : *regarder* ; mournful, adj., formé sur **to mourn** : *pleurer, s'attrister*.
2. la grand-mère et Fenella sont en deuil.
3. **to nod** : *hocher la tête en signe d'affirmation*.
4. **will** dans son sens fort de volonté.
5. **breath** [breθ] : *souffle* ; **to breathe** [briːð] : *respirer* ; **breathless** : *essoufflé*.
6. comparatifs de **soon** : *tôt* et **late** : *tard*.
7. **each** toujours suivi d'un sing. ; **both of us** : *nous deux* ; **we both saw it** : *nous l'avons vu tous deux*.
8. prononciation populaire de **certainty** : *certitude*.
9. **to keep out** : *maintenir à l'extérieur*.
10. [biskit] ; biscuits légers que l'on prend avec le vin.
11. **to give a look** : *jeter un coup d'œil*.
12. pour les phrases exclamatives, on emploie **what** ou **what a**

« J'espère... », commença la femme de chambre. Puis elle se retourna pour jeter un long regard attristé à tout le noir que portait grand-mère, au manteau et à la jupe noirs de Fenella, à son corsage noir, à son chapeau orné d'une rosette de crêpe.

Grand-mère hocha la tête : « Dieu l'a voulu », dit-elle.

La femme de chambre serra les lèvres, et prenant une profonde inspiration, elle sembla se dilater.

« C'est ce que je dis toujours, déclara-t-elle comme si c'était une découverte personnelle, tôt ou tard nous devons tous y passer. Ça, c'est sûr. » Elle se tut un instant. « Eh bien, est-ce que je peux vous apporter quelque chose, Mme Crane ? Une tasse de thé ? Je sais que c'est inutile de vous offrir une petite goutte pour vous réchauffer. »

Grand-mère secoua la tête. « Rien, merci. Nous avons quelques biscuits et Fenella a une belle banane. »

« Alors, je viendrai jeter un petit coup d'œil tout à l'heure », dit la femme de chambre, et elle sortit et ferma la porte.

Que la cabine était petite ! C'était comme si elle était enfermée dans une boîte avec grand-mère. L'œil rond au-dessus du lavabo les regardait, luisant d'un éclat sombre et mat. Fenella se sentit intimidée. Elle resta debout contre la porte, tenant encore son bagage et le parapluie. Allaient-elles se déshabiller là ? Déjà sa grand-mère avait ôté son bonnet et, roulant les rubans, elle les fixa d'une épingle à la doublure avant de le suspendre. Ses cheveux blancs brillaient comme de la soie, son petit chignon bas était enveloppé dans un filet noir.

---

avec les substantifs : **what happiness! What a car!** et **how** avec les adj. : **how happy she felt!**

13. **dull** : ici, *à l'éclat terni* ; **gleam** : subst., *miroitement*.

14. cf. syn. **bashful, timid**. Nous avons vu le v. **to shy** : *faire un écart*.

15. *bagages*, sing. collectif ; sinon on dit **a piece of luggage**. Penser à **a piece of advice** : *un conseil*.

16. **to get dressed/undressed** : *s'habiller, se déshabiller*.

17. *rubans* pour attacher un bonnet ; cf. **shoestrings** ou **shoelaces** : *lacets de chaussures*.

18. **lining** : *doublure, garniture*. Proverbe : **look for the silver lining**, ou **every cloud has a silver lining** : *après la pluie le beau temps*.

19. **bun** : *brioche ; chignon*.

Fenella hardly ever saw her grandma with her head uncovered; she looked strange.

"I shall put on the woollen fascinator [1] your dear mother crocheted for me," said grandma, and, unstrapping the sausage, she took it out and wound [2] it round her head; the fringe [3] of grey bobbles danced at her eyebrows as she smiled tenderly and mournfully at Fenella. Then she undid [4] her bodice [5], and something under that, and something else underneath that. Then there seemed a short, sharp tussle [6], and grandma flushed [7] faintly. Snip! Snap! She had undone her stays. She breathed a sigh of relief and, sitting on the plush couch, she slowly and carefully pulled off her elastic-sided boots and stood them side by side.

By the time Fenella had taken off her coat and skirt and put on her flannel dressing-gown grandma was quite ready.

"Must I take off my boots, grandma? They're lace."

Grandma gave them a moment's deep consideration.

"You'd feel a great deal more comfortable [8] if you did, child," said she. She kissed Fenella. "Don't forget to say your prayers. Our dear Lord [9] is with us when we are at sea [10] even more than when we are on dry land. And because I am an experienced traveller," said grandma briskly [11], "I shall take the upper berth [12]."

"But, grandma, how ever will you get up there?"

Three little spider-like [13] steps were all Fenella saw. The old woman gave a small silent laugh before she mounted them nimbly [14], and she peered [15] over the high bunk at the astonished Fenella.

---

1. terme daté : *fichu au crochet, garni de* **bobbles** : *petites boules*.
2. **to wind, wound, wound :** *enrouler* ; to unwind : *dérouler*, et aussi : *se détendre* ; **to wind your watch :** *remonter sa montre*.
3. **fringe :** *frange, bord* ; **to wear a fringe :** *porter une frange*.
4. **undo, undid, undone :** *défaire*.
5. terme daté : *corsage*.
6. **to tussle :** *lutter avec quelqu'un*.
7. **to flush :** *rougir* ; cf. to blush (généralement par timidité, alors que le premier verbe peut être employé pour *devenir rouge* sous l'effet de la colère, de l'effort, ou de la chaleur.
8. se prononce ['kʌmftəbl] ; **a great deal, a lot :** *beaucoup*.
9. **our Lord :** *notre Seigneur*; **the Lord's prayer :** *le notre-père*.

Fenella n'avait presque jamais vu sa grand-mère tête nue ; elle avait l'air étrange.

« Je vais mettre le fichu de laine que ta chère mère m'a fait au crochet », et défaisant la saucisse, elle le sortit et l'enroula autour de sa tête ; la frange de pompons gris dansait au-dessus de ses sourcils, et elle sourit tendrement et tristement à Fenella. Puis elle défit son corsage, et quelque chose en dessous, et puis encore quelque chose. Ensuite, il sembla y avoir une brusque petite lutte, et grand-mère rougit un peu. Cric ! Crac ! Elle avait défait son corset. Elle poussa un soupir de soulagement, et s'asseyant sur la banquette de velours, elle retira doucement, soigneusement, ses bottines à élastiques et les posa côte à côte.

Lorsque Fenella eut enlevé son manteau et sa jupe et mis son peignoir de flanelle, sa grand-mère était tout à fait prête.

« Faut-il que j'enlève mes bottines, grand-mère ? Elles sont à lacets. »

Grand-mère leur accorda un moment de profonde réflexion.

« Tu te sentiras bien mieux si tu les enlèves, mon enfant », dit-elle. Elle embrassa Fenella. « N'oublie pas de dire tes prières. Notre Seigneur est avec nous en mer plus encore que lorsque nous sommes sur la terre ferme. Et parce que je suis une voyageuse pleine d'expérience, dit vivement sa grand-mère, je prendrai la couchette du haut. »

« Mais grand-mère, comment feras-tu pour y monter ? »

Fenella ne voyait que trois petites marches fines comme des allumettes. La vieille femme eut un petit rire silencieux avant de les grimper lestement ; et se penchant par-dessus le bord élevé de la couchette, elle regarda sa petite fille étonnée.

---

10. **to be at sea** signifie aussi, métaphoriquement, *être perdu* ou *menacé* ; **dry land** : *terre "sèche", terre ferme*.
11. **brisk** : *alerte, vif.*
12. **berth** : *couchette* peut également signifier *mouillage*, pour un bateau ; **to give somebody a wide berth** : *éviter quelqu'un.*
13. **spider-like** [spaidə-laik] : *ressemblant aux pattes d'une araignée* ; **it's very like** : *c'est très ressemblant* ; **likeness** : *ressemblance.*
14. **nimble** : *alerte, prompt* ; **nimble-fingered** : *aux doigts agiles* ; **nimble-minded** : *astucieux, vif.*
15. **to peer** : *regarder, scruter* : ici du haut de la couchette (**bunk**).

113

"You didn't think your grandma could do that, did you?" said she. And as she sank back[1] Fenella heard her light laugh again.

The hard square of brown soap would not lather[2] and the water in the bottle was like a kind of blue jelly. How hard it was, too, to turn down[3] those stiff sheets; you simply had to tear[4] your way in. If everything had been different, Fenella might have got the giggles[5]... At last she was inside, and while she lay there panting[6], there sounded from above a long, soft whispering, as though someone was gently, gently rustling among tissue paper to find something. It was grandma saying her prayers...

A long time passed. Then the stewardess came in; she trod[7] softly and leaned her hand on grandma's bunk.

"We're just entering the Straits[8]," she said.

"Oh!"

"It's a fine night, but we're rather empty. We may[9] pitch[10] a little."

And indeed at that moment the Picton boat rose and rose and hung in the air just long enough to give a shiver before she[11] swung down again, and there was the sound of heavy water slapping[12] against her sides. Fenella remembered she had left that swan-necked umbrella standing up on the little couch. If it fell over[13], would it break? But grandma remembered too, at the same time.

"I wonder if you'd mind, stewardess, laying[14] down my umbrella," she whispered.

---

1. **sink, sank, sunk** : *descendre, couler*. Ici la grand-mère se laisse retomber en arrière (**back**).
2. cf. **soap-lather** : *mousse de savon*.
3. *retourner... vers le bas*. Ce verbe signifie aussi *refuser* : **to turn down an offer** : *refuser une proposition*.
4. **to tear** [teə] **tore, torn** : *déchirer* : peut aussi exprimer une action faite à toute allure : **he tore down the stairs** : *il descendit l'escalier à toute vitesse*.
5. **to get the giggles** : *avoir le fou rire* ; **might** + infinitif passé **have got** exprime ici l'hypothétique, l'éventualité non réalisée.
6. **to pant** : *haleter* ; suivi de la particule adv. **along** : *s'avancer en haletant*. **To pant after something** : *aspirer à qqch*.
7. **tread, trod, trodden** : *marcher* ; **down-trodden** : *persécuté*.
8. *détroit*, employé au pluriel ; **to be in financial straits** : *avoir des ennuis d'argent* ; **to be in dire straits** : *être dans une situation difficile* (**dire** : *périlleux*).

« Tu ne pensais pas que ta grand-mère en était capable, n'est-ce pas ? » dit-elle. Et quand elle se laissa retomber, Fenella entendit de nouveau son rire léger.

Le morceau de savon brun et dur refusait de mousser, et l'eau dans la carafe ressemblait à une gelée bleuâtre. Et qu'il était dur de rabattre ces draps raides ; il fallait vraiment s'y frayer un passage. En d'autres circonstances, Fenella aurait peut-être eu un fou rire... Enfin couchée, à bout de souffle, elle entendit là-haut un long murmure discret, comme si quelqu'un fouillait doucement, tout doucement dans du papier de soie à la recherche de quelque chose. C'était grand-mère qui disait ses prières. Un long moment passa. Puis la femme de chambre entra ; elle marchait sans faire de bruit, et posa la main sur la couchette de grand-mère.

« Nous venons d'entrer dans le détroit. »

« Oh ! »

« C'est une belle nuit, mais nous ne sommes pas très chargés. Ça va peut-être bouger un peu. »

Et en effet, à cet instant, le bateau de Picton monta, monta, puis resta suspendu en l'air juste le temps d'un frisson avant de retomber, et il y eut le bruit d'une masse d'eau s'écrasant sur ses flancs. Fenella se rappela qu'elle avait laissé le parapluie à col de cygne appuyé contre la banquette. S'il tombait, se casserait-il ? Mais grand-mère y pensa en même temps.

« Mademoiselle, vous voudrez bien poser mon parapluie sur la banquette ? » murmura-t-elle.

---

9. **may :** exprime l'éventualité, ou la permission : **you may smoke** : *vous pouvez fumer.* On trouve maintenant le plus souvent **can** dans ce sens, **may** étant considéré comme plus poli ; **may I borrow your book?** *puis-je emprunter votre livre?*
10. ici, *bouger* ; le plus souvent : *jeter, lancer* ; **to pitch a ball** : *lancer une balle,* au base-ball par exemple ; **a pitch :** *un terrain,* aussi *degré* : **things have reached such a pitch that** : *les choses en sont arrivées à un point tel que...*
11. le pronom personnel féminin est employé très souvent pour les bateaux et les voitures ou les avions : voir le début de *The Stranger.*
12. **a slap :** *une gifle.*
13. **to fall (fell, fallen) over :** *tomber.*
14. **to lay, lay, laid :** *poser, coucher,* v. transitif. A ne pas confondre avec **to lie, lay, lain,** intr. : *être couché* ; **to lie, lied, lied :** *mentir* ; **a liar :** *un menteur.*

115

"Not at all, Mrs. Crane." And the stewardess, coming back to grandma, breathed, "Your little granddaughter's in such a beautiful sleep."

"God be praised for that!" said grandma.

"Poor little motherless mite [1]!" said the stewardess. And grandma was still telling the stewardess all about what happened when Fenella fell asleep [2].

But she hadn't been asleep long enough to dream before she woke up again to see something waving in the air above her head. What was it? What could [3] it be? It was a small grey foot. Now another joined it. They seemed to be feeling about for something; there came a sigh.

"I'm awake, grandma," said Fenella.

"Oh, dear [4], am I near the ladder?" asked grandma. "I thought it was this end [5]."

"No, grandma, it's the other. I'll put your foot on it. Are we there?" asked Fenella.

"In the harbour [6]," said grandma. "We must get up [7], child. You'd better have a biscuit [8] to steady [9] yourself before you move."

But Fenella had hopped [10] out of her bunk. The lamp was still burning, but night was over, and it was cold. Peering through that round eye she could see far off some rocks. Now [11] they were scattered [12] over with foam; now a gull flipped [13] by; and now there came a long piece of real land.

---

1. **mite** [mait] : *parcelle minuscule, d'où petit être sans défense* ; **motherless** : *sans mère*. On comprend que la mère de Fenella est morte et que c'est pour elle que la famille porte le deuil.
2. **to fall asleep** : *s'endormir* ; **to fall apart** : *tomber en morceaux*.
3. **could** (passé de **can**) traduit l'éventualité.
4. **oh dear** : exclamatif, *oh ! mon Dieu !*
5. **this end** : *de ce côté-ci*, s'oppose à **that/ the other/ the far end**.
6. **harbour** : *port*. Employé comme verbe, signifie : *abriter, entretenir* : **to harbour a grudge against someone** : *garder rancune*.
7. **to get, got, got up** : *se lever*.
8. **you had better** + inf. sans **to** : *tu ferais mieux* ; **have a biscuit**, cf. **have a drink, have tea** ou **have a look**.
9. **steady** : *sûr, stable* ≠ **unsteady** ; **to go steady with someone** : *sortir régulièrement avec quelqu'un* ; **a steady girlfriend** : *une petite amie* (que l'on voit régulièrement).

« Mais, bien sûr, Mme Crane. » Et revenant vers sa grand-mère, elle chuchota : « Votre petite-fille dort si profondément. »

« Dieu soit loué ! » dit grand-mère.

« Pauvre petit poussin sans mère », dit la femme de chambre.

Et grand-mère racontait encore toute l'histoire quand Fenella s'endormit.

Mais avant même d'avoir eu le temps de rêver, elle se réveilla pour voir quelque chose qui s'agitait au-dessus de sa tête. Qu'est-ce que c'était ? Mais qu'est-ce que ça pouvait bien être ? C'était un petit pied. Un second vint bientôt le rejoindre. Ils semblaient chercher quelque chose ; on entendit un soupir.

« Je suis réveillée, grand-mère », dit Fenella.

« Oh, suis-je près de l'échelle ? demanda grand-mère. Je pensais qu'elle était de ce côté. »

« Non, grand-mère, elle est de l'autre. Je vais mettre ton pied dessus. On est arrivées ? »

« Dans le port, dit grand-mère. Il faut se lever, mon petit. Tu ferais mieux de manger un biscuit pour te caler un peu avant de bouger. »

Fenella avait déjà sauté de sa couchette. La lampe brûlait encore, mais la nuit était finie, et il faisait froid. Regardant à travers l'œil rond du hublot, elle aperçut au loin quelques rochers. Ils furent tachetés d'écume ; puis une mouette passa à tire-d'aile ; et puis il y eut une longue bande de terre.

---

10. **to hop :** *sauter ; aller à cloche-pied ;* **to play hopscotch :** *jouer à la marelle.*

11. **now... now... now :** *indique une succession.*

12. **to scatter :** *semer, éparpiller ;* **scatter-brained :** *étourdi.*

13. **to flip :** *retourner rapidement, d'une chiquenaude.* Par exemple **to flip a pancake :** *retourner une crêpe ;* **to flip a coin :** *tirer à pile ou face* (avec une pièce de monnaie), se dit aussi **to toss a coin.**

"It's land, grandma," said Fenella, wonderingly, as though they had been at sea for weeks together [1]. She hugged [2] herself; she stood on one leg and rubbed it with the toes [3] of the other foot; she was trembling. Oh, it had all been so sad lately. Was it going to change? But all her grandma said was, "Make haste [4], child. I should leave your nice banana for the stewardess as you haven't eaten it." And Fenella put on her black clothes again and a button sprang off one of her gloves and rolled to where she couldn't reach it. They went up on deck.

But if it had been cold in the cabin, on deck it was like ice. The sun was not up yet, but the stars were dim [5], and the cold pale sky was the same colour as the cold pale sea. On the land a white mist [6] rose and fell. Now they could see quite plainly [7] dark bush [8]. Even the shapes [9] of the umbrella ferns showed, and those strange silvery withered [10] trees that are like skeletons... Now they could see the landing-stage and some little houses, pale too, clustered together, like shells [11] on the lid [12] of a box. The other passengers tramped [13] up and down, but more slowly than they had the night before, and they looked gloomy [14].

And now the landing-stage came out to meet them. Slowly it swam towards [15] the Picton boat and a man holding a coil of rope, and a cart with a small drooping [16] horse and another man sitting on the step, came too.

"It's Mr. Penreddy, Fenella, come for us [17]," said grandma. She sounded pleased.

---

1. **for weeks together** : *pour des semaines entières*, et non comme si la structure de la phrase était : **they had been together for weeks** : *elles avaient été ensemble pendant des semaines*.
2. **to hug** : *étreindre* ; **to hug the coast** : *suivre de près la côte*.
3. **toe** [təu] : *orteil* ; **on tiptoe** : *sur la pointe des pieds*.
4. cf. **to hasten** : *hâter, presser*.
5. **dim** : *faible* (pour la lumière) ; **to dim the head-lights** : *se mettre en code* ; **a dim-witted person** : *quelqu'un de borné* ; **to take a dim view** : *voir d'un mauvais œil*.
6. **mist** : *brume* ; **fog** : *brouillard* ; nous avons déjà vu **haze** : *brume de chaleur*.
7. *tout à fait nettement* ; **quite** renforce l'adverbe.
8. au sing. : *brousse, végétation* ; **bushes** : *buissons*.
9. *formes* ; **out of shape** : *déformé* ; mais aussi le contraire de **to be in shape** : *être en forme* ; **shapeless** : *informe*.

« On voit la terre, grand-mère », dit Fenella avec étonnement comme si elles avaient été en mer pendant des semaines entières. Elle croisa les bras bien serrés, et se tenant sur une jambe, la frotta avec les orteils de l'autre pied ; elle tremblait. Oh ! tout avait été si triste ces temps derniers. Cela allait-il changer ? Mais sa grand-mère dit seulement : « Fais vite, mon petit. Puisque tu ne l'as pas mangée, tu devrais laisser ta belle banane pour la femme de chambre. » Et Fenella remit ses vêtements noirs, et un bouton sauta d'un de ses gants et roula dans un coin où elle ne pouvait l'atteindre. Elles montèrent sur le pont.

Si l'on avait froid dans la cabine, sur le pont l'air était glacial. Le soleil n'était pas encore levé, mais les étoiles faiblissaient, et le ciel pâle et froid était de la même couleur pâle et froide que la mer. Sur la terre s'élevait et tombait une brume blanche. Maintenant elles voyaient nettement la sombre végétation et même la forme des fougères arborescentes et puis ces curieux arbres desséchés, argentés, qui sont comme des squelettes... Maintenant elles voyaient le débarcadère et des petites maisons, pâles aussi, serrées l'une contre l'autre comme des coquillages sur le couvercle d'une boîte. Les autres passagers allaient et venaient d'un pas lourd, mais plus lentement que la veille, et ils avaient l'air triste.

Puis le débarcadère vint à leur rencontre. Il glissa lentement vers le bateau de Picton, et un homme portant un rouleau de cordage, puis une carriole avec un petit cheval fatigué et un autre homme assis sur le marche-pied approchèrent aussi.

« Voilà M. Penreddy qui est venu nous chercher, Fenella », dit grand-mère. Elle avait l'air contente.

---

10. *flétris* ; **her beauty withered away** : *sa beauté se flétrit*.
11. *coquillage*, mais aussi *coquille* ; par exemple **egg-shell** : *coquille d'œuf* ; **to shell peas** : *écosser des petits pois*.
12. **lid** : *couvercle* ; **eyelid** : *paupière*.
13. **to tramp** : *marcher lourdement* ; **a tramp** : *un vagabond*.
14. cf. **gloom** : *obscurité*.
15. m. à m. *nagea vers*. Fenella a l'impression que le bateau est immobile et que la terre vient vers elle.
16. *qui baisse la tête* ; **to droop with the heat** : *être accablé de chaleur*.
17. **(who has) come for us** : c'est-à-dire *pour nous chercher*.

Her white waxen[1] cheeks were blue with cold, her chin trembled, and she had to keep[2] wiping her eyes and her little pink nose.

"You've got my—"

"Yes, grandma." Fenella showed it to her.

The rope came flying through the air and "smack[3]" it fell on to the deck. The gangway was lowered. Again Fenella followed her grandma on to the wharf over to the little cart, and a moment later they were bowling away[4]. The hooves[5] of the little horse drummed[6] over the wooden piles, then sank softly into the sandy road. Not a soul[7] was to be seen; there was not even a feather of smoke. The mist rose and fell and the sea still sounded asleep as slowly it turned on the beach.

"I seen Mr. Crane yestiddy[8]," said Mr. Penreddy. "He looked himself[9] then. Missus knocked him up[10] a batch of scones[11] last week."

And now the little horse pulled up[12] before one of the shell-like houses. They got down. Fenella put her hand on the gate, and the big, trembling dew-drops[13] soaked[14] through her glove-tips[15]. Up a little path of round white pebbles they went, with drenched[16] sleeping flowers on either[17] side. Grandma's delicate white picotees were so heavy with dew that they were fallen, but their sweet smell was part of the cold morning. The blinds[18] were down in the little house; they mounted the steps on to the veranda. A pair of old bluchers[19] was on one side of the door and a large red watering-can[20] on the other.

---

1. **wax** : *cire* ; **candle-wax** : *cire de bougie*.
2. **to keep** + v. en -**ing** : *ne cesser de* ; précédé ici de **to have to** d'obligation.
3. le bruit que fait la corde en tombant ; **to smack** : *battre*.
4. **to bowl** : *rouler (bon train)*.
5. pluriel de **hoof** : *sabot*.
6. verbe formé sur **drum** : *tambour*.
7. **soul** : *âme*, souvent employé pour dire : *personne*. **A village of two hundred souls** : *un village de 200 habitants*.
8. **I saw X yesterday**. Mr. Penreddy a une prononciation et un style populaires, ou peut-être néo-zélandais.
9. m. à m. *ressemblait à lui-même* ; **You don't look yourself** : *tu n'as pas l'air en forme, tu as l'air troublé*.
10. *prépara à la va-vite*. **Missus**, populaire pour **Mrs**.
11. **a batch** : *un lot, une fournée* ; **scones** : *sorte de biscuits qu'on sert avec le thé dans les pays anglo-saxons*.

Ses joues d'un blanc cireux avaient viré au bleu sous l'effet du froid ; son menton tremblait et elle devait s'essuyer les yeux sans cesse, ainsi que son petit nez rose.

« Tu as mon... »

« Oui, grand-mère. » Fenella le lui montra. L'amarre fendit l'air et « flac ! » s'écrasa sur le pont. On descendit la passerelle. Fenella suivit de nouveau sa grand-mère sur le quai puis vers la petite carriole, et l'instant d'après, elles s'éloignaient à vive allure. Les sabots du petit cheval martelèrent les planches en bois, puis s'enfoncèrent doucement dans le sable de la route. On ne voyait personne, pas la moindre trace de fumée. La brume s'élevait et retombait et la mer semblait encore endormie, se retournant lentement sur la plage.

« J'ai vu M. Crane hier, dit M. Penreddy. Il avait l'air en pleine forme. Ma femme lui a préparé un tas de gâteaux la semaine dernière. »

Bientôt le petit cheval s'arrêta devant une des maisons semblables à des coquillages. Elles descendirent. Fenella mit la main sur le portail et les grosses gouttes tremblantes de rosée mouillèrent le bout de ses doigts à travers le gant. Elles gravirent un petit chemin de galets blancs, bordé de chaque côté de fleurs endormies gorgées d'eau. Les délicats œillets blancs de grand-mère étaient si lourds de rosée qu'ils s'étaient inclinés, mais leur odeur suave faisait partie du matin froid. Les stores de la petite maison étaient baissés ; elles montèrent les marches jusqu'à la véranda. Il y avait d'un côté de la porte une paire de vieilles galoches et, de l'autre, un gros arrosoir rouge.

---

12. **to pull up :** *s'arrêter* (pour une voiture).
13. **dew** [dju:] : *rosée* ; **his face was dewed with sweat** : *son visage était perlé de sueur.*
14. **to soak :** *tremper* ; cf. **I was soaked through** : *j'étais trempé.*
15. les extrémités du gant. cf. **finger-tips :** *bout des doigts* ; **on the tip of my tongue :** *au bout de la langue.*
16. **drenched :** *trempé,* ici par la rosée.
17. **either** peut être adj. comme ici : *de chaque côté* (quand il y en a deux) ou pronom : **give it to either of them :** *donne-le à n'importe lequel d'entre eux* (soit à l'un, soit à l'autre).
18. *les persiennes* ; **blind** signifie *aveugle* ; mais aussi **a blind alley :** *une voie sans issue* ; **a blind date :** *un rendez-vous avec quelqu'un qu'on ne connaît pas.*
19. **bluchers :** *demi-bottes en cuir,* dont le nom vient du maréchal allemand von Blücher.
20. cf. **to water the garden :** *arroser le jardin.*

"Tut! tut[1]! Your grandpa," said grandma. She turned the handle. Not a sound. She called, "Walter!" And immediately a deep voice that sounded half stifled called back, "Is that you, Mary?"

"Wait, dear," said grandma. "Go in there." She pushed Fenella gently into a small dusky sitting-room.

On the table a white cat, that had been folded up like a camel, rose, stretched itself, yawned[2], and then sprang on to the tips of its toes. Fenella buried[3] one cold little hand in the white, warm fur[4], and smiled timidly while she stroked and listened to grandma's gentle voice and the rolling tones of grandpa.

A door creaked. "Come in, dear." The old woman beckoned[5], Fenella followed. There, lying to one side of an immense bed, lay grandpa. Just his head with a white tuft[6] and his rosy face and long silver beard[7] showed over the quilt[8]. He was like a very old, wide-awake[9] bird.

"Well, my girl!" said grandpa. "Give us a kiss!" Fenella kissed him. "Ugh[10]!" said grandpa. "Her little nose is as cold as a button. What's that she's holding? Her grandma's umbrella?"

Fenella smiled again and crooked[11] the swan neck over the bed-rail. Above the bed there was a big text in a deep black frame[12]:

    Lost! One Golden Hour
    Set[13] with Sixty Diamond Minutes.
    No Reward[14] Is Offered
    For It Is Gone For Ever![15]!

" Yer[16] grandma painted that," said grandpa. And he ruffled his white tuft and looked at Fenella so merrily[17] she almost thought he winked at her.

---

1. indique la désapprobation.
2. **to stifle a yawn** : *étouffer un bâillement.*
3. **to bury** : *enfoncer, enterrer* ; **burial** : *enterrement.* La cérémonie de l'enterrement se dit **funeral**.
4. **a fur-coat** : *un manteau de fourrure* ; **furry** : *couvert de fourrure* (ou de duvet), *en peluche* (pour un jouet).
5. **to beckon** : *faire un signe de la main pour appeler qqun* ; **to be at someone's beck and call** : *être à la disposition totale de qqun.*
6. **a tuft of hair** : *une touffe de cheveux. Une mèche* : **a lock**.
7. **beard** [biəd] : *barbe* ; **to beard someone** : *attraper quelqu'un* (comme par la barbe).
8. **quilt** : *édredon* ou *couvre-lit* ; **quilted** : *matelassé.*

« Tss ! Tss ! Tss ! Ah, ton grand-père », dit grand-mère. Elle tourna la poignée. Pas un bruit. Elle appela « Walter ! » et une grosse voix qui semblait à moitié étouffée lui répondit immédiatement : « C'est toi, Mary ? »

« Attends, ma chérie, dit grand-mère. Entre là. » Elle poussa doucement Fenella dans un petit salon peu éclairé.

Sur la table, un chat blanc, couché comme un chameau, se dressa, s'étira, bâilla, puis sauta avec légèreté. Fenella plongea une petite main froide dans la chaude fourrure blanche, et sourit timidement tout en caressant le chat, et en écoutant la voix douce de grand-mère et les tons rocailleux de grand-père.

Une porte grinça. « Entre, ma chérie. » La vieille femme lui fit signe. Fenella la suivit. Là, d'un côté d'un lit immense était étendu grand-père. Au-dessus de l'édredon, on ne voyait que sa tête avec un toupet de cheveux blancs, sa figure rose et sa longue barbe argentée. Il ressemblait à un vieil oiseau très éveillé.

« Eh bien, ma petite, dit grand-père. Viens m'embrasser. » Fenella l'embrassa. « Hou, dit grand-père. Elle a le nez comme un glaçon. Et qu'est-ce qu'elle porte ? Le parapluie de grand-mère ? »

Fenella sourit de nouveau et accrocha le col de cygne à un barreau du lit. Au-dessus, il y avait une grande inscription encadrée de noir.

> On a perdu une Heure d'Or
> Sertie de Soixante Minutes de Diamants
> On n'offre pas de Récompense
> Car elle est partie à jamais.

« Oui, c'est grand-mère qui l'a peint », dit grand-père, et il ébouriffa son toupet blanc et regarda si gaiement Fenella qu'elle crut qu'il lui avait fait un clin d'œil.

---

9. le contraire : **fast asleep**.
10. exclamation de dégoût.
11. **a crook** : *une crosse* (de berger) ; *accrocher* ; se prononce au prétérit [krukt]. A distinguer de [krukid], même orthographe : *tordu* (**not straight**).
12. **to frame** : *encadrer*, et aussi **he was framed** : *il a été victime d'un coup monté*.
13. **to set, set, set** : *orner, sertir*.
14. **to reward** : *récompenser*.
15. **for ever** : *pour toujours, à jamais*.
16. pour **your**.
17. **merry** : *joyeux*. **Merry Christmas!**

The Stranger

L'Étranger

It seemed to the little crowd on the wharf that she [1] was never going to move again. There she lay, immense, motionless on the grey crinkled [2] water, a loop [3] of smoke above her, an immense flock [4] of gulls screaming and diving after the galley droppings [5] at the stern [6]. You could just [7] see little couples parading – little flies walking up and down [8] the dish on the grey crinkled tablecloth. Other flies clustered and swarmed [9] at the edge. Now [10] there was a gleam of white on the lower deck [11] – the cook's apron or the stewardess, perhaps. Now a tiny black spider raced [12] up the ladder on the bridge.

In the front of the crowd a strong-looking, middle-aged [13] man, dressed very well, very snugly [14] in a grey overcoat, grey silk scarf, thick gloves and dark felt hat, marched up and down twirling his folded umbrella. He seemed to be the leader of the little crowd on the wharf and at the same time to keep them together. He was something between the sheep-dog and the shepherd.

But what a fool – what a fool he had been not to bring any glasses [15] ! There wasn't a pair of glasses between the whole lot of them.

"Curious thing, Mr. Scott, that none of us [16] thought of glasses. We might [17] have been able to stir [18] 'em up a bit. We might have managed a little signalling. *Don't hesitate to land. Natives harmless.* Or: *A welcome awaits you. All is forgiven.* What? Eh?"

---

1. féminin employé pour les bateaux, les voitures, les avions et parfois les machines, en particulier par leurs propriétaires ou conducteurs. Les noms de pays sont souvent traités comme fém. également.
2. **crinkled :** *froissé*, généralement pour un tissu ou du papier. Métaphore originale qui prépare la comparaison avec la nappe (**crinkled tablecloth**).
3. *boucle*, pour une corde, par ex. ; *méandre* pour une rivière ; *bretelle d'autoroute*.
4. cf. **a flock of sheep** : un troupeau de moutons. Pour les gens : *foule*. **They flocked to the concert** : *ils allèrent en masse au concert*.
5. **galley :** *cuisine* (de bateau) et aussi *galère*. Qualifie ici **droppings** : généralement *fiente*, ici *détritus*.
6. *la poupe* : la proue se dit **prow** [prau].
7. **could** de capacité, avec le **you** impersonnel : on pouvait tout juste voir.
8. *montant et descendant* ; cf. **to and fro** : *de long en large*.

Il semblait à la petite foule rassemblée sur le quai qu'il ne bougerait plus jamais. Il était là, immense, immobile sur l'eau grise et froissée, une volute de fumée au-dessus ; un immense vol de mouettes criait en plongeant vers les détritus de cuisine qui tombaient de la poupe. On arrivait tout juste à voir des petits couples qui paradaient — petites mouches parcourant un plat sur une nappe grise et froissée. D'autres mouches se pressaient, grouillaient près du bord. Tantôt une tache blanche apparaissait sur le pont inférieur — le tablier blanc du cuisinier ou une femme de chambre peut-être. Tantôt une minuscule araignée noire escaladait très vite l'échelle vers le pont supérieur.

Au premier rang de la foule, un homme robuste, d'âge moyen, très bien, très confortablement habillé d'un pardessus gris, d'une écharpe de soie grise, de gants épais et d'un chapeau de feutre sombre, se promenait de long en large, en faisant tournoyer son parapluie fermé. Il semblait qu'il était le chef de la petite foule sur le quai, et qu'en même temps, il l'empêchait de se disperser. Son rôle tenait à la fois du chien et du berger.

Qu'il avait été bête, mais bête de ne pas apporter de jumelles ! Pas une seule paire de jumelles chez tous ces gens.

« Bizarre que personne n'ait pensé aux jumelles, n'est-ce pas, M. Scott ? On aurait peut-être pu les faire bouger un peu. On se serait débrouillé pour leur envoyer quelques signaux : *N'hésitez pas à débarquer. Indigènes inoffensifs.* Ou alors : *Serez bien accueillis. Tout est pardonné.* Quoi ? Comment ? »

---

9. **cluster :** subst. *groupe* ; **swarm :** *essaim*.
10. **now :** *maintenant* ; répété peut aussi indiquer la succession.
11. cf. **upper deck :** *pont supérieur* ; **bridge :** *passerelle* (de commandement) ; **gangway :** *passerelle de débarquement*.
12. **to race :** **courir très vite ; race : course.**
13. exemples de formation d'adj. composés : adj. + v. en **-ing** ou adj. + nom + **ed.**
14. **to be snug as a bug in a rug :** *être bien au chaud* (comme une punaise dans une couverture).
15. ici, *jumelles* : **field-glasses** ; aussi : *lunettes*.
16. *aucun d'entre nous* ; on emploie **neither** quand il n'y a que deux personnes.
17. **might** + inf. passé sans **to** : irréel du passé, traduit une hypothèse qui ne s'est pas réalisée. Avec souvent une nuance de reproche : **you might have told me** : *tu aurais pu me le dire*.
18. **to stir a sauce :** *remuer une sauce* ; **to stir up trouble :** *semer la zizanie* ; **astir :** *agité*.

Mr. Hammond's quick, eager glance, so nervous and yet so friendly and confiding, took in everybody[1] on the wharf, roped in even those old chaps lounging[2] against the gangways. They knew, every man-jack of them[3], that Mrs. Hammond was on that boat, and he was so tremendously excited it never entered his head not to believe that this marvellous fact meant something to them too. It warmed his heart towards them. They were, he decided, as decent a crowd of people — Those old chaps[4] over by the gangways, too — fine, solid old chaps. What chests — by Jove[5]! And he squared[6] his own, plunged his thick-gloved hands into his pockets, rocked from heel to toe[7].

"Yes, my wife's been in Europe for the last ten months. On a visit to our eldest[8] girl, who was married last year. I brought her up here, as far as Crawford, myself. So I thought I'd better come and fetch her back. Yes, yes, yes." The shrewd[9] grey eyes narrowed again and searched anxiously, quickly, the motionless liner. Again his overcoat was unbuttoned[10]. Out came the thin, butter-yellow[11] watch again, and for the twentieth — fiftieth — hundredth time he made the calculation.

"Let[12] me see, now. It was two fifteen[13] when the doctor's launch went off. Two fifteen. It is now exactly twenty-eight minutes past four. That is to say, the doctor's been gone[14] two hours and thirteen minutes. Two hours and thirteen minutes! Whee-ooh!" He gave a queer little half-whistle and snapped his watch to[15] again. "But I think we should have been told if there was anything up[16] — don't you, Mr. Gaven?"

---

1. *regroupa tout le monde* ; cf. **to rope in** : *enrôler, embringuer* (**rope** : *corde*). Autre sens : **to be taken in** : *être dupe*.
2. cf. **a lounge** : *un salon*.
3. **every man-jack of them** : *chacun d'entre eux même le plus simple*. **Jack** : *homme quelconque, manœuvre* ; cf. **a Jack of all trades** : *un homme aux trente-six métiers*.
4. **chap** : cf. **fellow**, *gars, bonhomme, type*.
5. *par Jupiter !*
6. **he squared his chest** : *il gonfla la poitrine* ; **squared his shoulders** : *il redressa les épaules* ; **square** : *carré*. Autre sens du verbe : **to square things out** : *régler ses comptes*.
7. m. à m. *du talon au doigt de pied* ; cf. **high-heeled shoes** : *chaussures à talons hauts* ; **toe-nails** : *ongles des orteils* ; **from tip to toe** : *de la tête aux pieds* ; **to toe the line** : m. à m. *suivre la ligne* ; *se conformer, être docile*.

Le regard vif et impatient de M. Hammond, si nerveux et pourtant si amical et confiant, engloba tous ceux qui étaient sur le quai, et même ces vieux bonshommes qui traînaient le long des passerelles. Même le dernier d'entre eux devait savoir que Mme Hammond se trouvait à bord, et il était si extraordinairement ému qu'il ne pensa même pas que cela puisse leur être indifférent. Cela l'attendrissait. C'étaient tous de bien braves gens, décida-t-il — y compris les vieux là-bas près de la passerelle —, de sacrés gaillards. Ciel, quels torses ! Et il bomba le sien, plongea ses mains bien gantées dans ses poches, se balança sur les talons.

« Oui, ça fait dix mois que ma femme est en Europe. En visite chez notre fille aînée qui s'est mariée l'an dernier. Je l'ai accompagnée moi-même ici, jusqu'à Crawford. Alors je me suis dit qu'il fallait venir la chercher. Oui, oui, oui. » Il plissa de nouveau ses yeux gris et vifs et scruta rapidement, avec inquiétude, le paquebot immobile. Il défit de nouveau son manteau, sortit sa montre plate d'un beau jaune, et pour la vingtième, la cinquantième, la centième fois refit le calcul.

« Voyons. Il était deux heures quinze quand le canot du docteur est parti. Deux heures quinze. Il est maintenant exactement quatre heures vingt-huit minutes. Donc le docteur est parti depuis deux heures et treize minutes. Deux heures et treize minutes ! Pfuiit ! » Il émit un petit sifflement bizarre, et referma le boîtier de sa montre. « Mais je pense qu'on nous l'aurait dit s'il s'était passé quelque chose. N'est-ce pas, M. Gaven ? »

---

8. superlatif ; **elder** : *aîné de deux.*
9. **shrewd** : *perspicace.*
10. **to unbutton** : *défaire* (les boutons) ; **to button** : *boutonner.*
11. **butter-yellow** : *jaune comme du beurre.*
12. **let** : auxiliaire employé pour la forme impérative à la première et troisième personne, sing. et pl.
13. **two thirty, half past two** : *deux heures et demie* ; **a quarter to two** : *deux heures moins le quart.*
14. **has been gone** : present perfect pour indiquer la durée jusqu'au moment présent.
15. **he snapped it to** : *il la referma* ; **to push the door to** : *fermer la porte* ; to est adv. ici ; cf. **to walk to and fro** : *aller et venir.*
16. **there's something rp** : *il se passe quelque chose.* Le **should** + inf. passé qui précède dépend de **think** = **I suppose** (hypothèse).

129

"Oh yes, Mr. Hammond! I don't think there's anything to – anything to worry about," said Mr. Gaven, knocking out his pipe against the heel of his shoe. "At the same time –"

"Quite so! Quite so!" cried Mr. Hammond. "Dashed [1] annoying!" He paced quickly up and down and came back again to his stand [2] between Mr. and Mrs. Scott and Mr. Gaven. "It's getting quite [3] dark, too," and he waved his folded umbrella as though the dusk at least might have had the decency to keep off [4] for a bit. But the dusk came slowly, spreading like a slow stain [5] over the water. Little [6] Jean Scott dragged at her mother's hand.

"I wan' my tea, mammy!" she wailed [7].

'I expect you do [8]," said Mr. Hammond. "I expect all these ladies want their tea." And his kind, flushed, almost pitiful glance roped them all in again. He wondered [9] whether Janey was having a final cup of tea in the saloon out there. He hoped so; he thought not [10]. It would be just like [11] her not to leave the deck. In that case perhaps the deck steward would bring her up a cup. If he'd [12] been there he'd have got it for her – somehow [13]. And for a moment he was on deck, standing over her, watching her little hand fold [14] round the cup in the way she had, while she drank the only cup of tea to be got [15] on board... But now he was back here, and the Lord only knew when that cursed [16] Captain would stop hanging [17] about in the stream [18].

---

1. euphémisme pour **damned** : *très, bigrement.*
2. *l'endroit où il se tenait.*
3. renforce l'adj. : *tout à fait* ; cf. plus haut **quite so** : *tout à fait ainsi.*
4. **to keep off** : *rester à l'écart.*
5. **stain** : *tache* ; **stainless** : *sans tache* ; **stainless steel** : *acier inoxydable.*
6. **small** : *petit*, est un adjectif de dimension, **little** est plus chargé de connotations : apitoiement, condescendance, affection. Voir, par ex., p. 50 **the mean little cottages**, où l'adj. n'est pas placé en premier comme le sont en général les simples adj. de dimension.
7. **to wail** : *gémir, pleurer.*
8. **do** remplace **want**, mais a aussi une nuance emphatique.
9. **to wonder if**, ou **whether** : *se demander si.*
10. **so** renvoie à toute la proposition **he wondered whether she was having tea** ; **he thought not** : *that she was not having tea.*

« Bien sûr, M. Hammond. A mon avis, il n'y a pas de quoi s'inquiéter », dit M. Gaven, en tapant sa pipe contre le talon de son soulier. « Cependant... »

« C'est vrai ! C'est vrai ! s'écria M. Hammond. Diablement ennuyeux ! » Il fit les cent pas, puis revint à son poste entre M. et Mme Gaven. « Et il commence à faire sombre. » Il agita son parapluie fermé comme pour signifier que le crépuscule aurait pu avoir la décence d'attendre un peu. Mais la nuit tombait peu à peu comme s'étale lentement une tache sur l'eau. La petite Jeanne Scott tirait sa mère par la main.

« J'veux mon thé, maman », gémit-elle.

« Ça se comprend, dit M. Hammond. Je suppose que toutes ces dames en ont envie aussi. » Et son bon regard, ému, pathétique, les enveloppa toutes de nouveau. Il se demanda si Janey prenait une dernière tasse de thé là-bas dans le salon. Il l'espérait, sans trop y croire. Ce serait bien d'elle de ne pas quitter le pont. Peut-être le steward lui en apporterait-il alors une tasse. Lui-même se serait débrouillé pour lui en apporter une, s'il avait été là. Et il fut un instant sur le pont, debout près d'elle, regardant sa petite main s'enroulant autour de la tasse dans son geste habituel, tandis qu'elle buvait la seule tasse de thé de tout le paquebot. Puis il revint où il était : Dieu seul savait quand ce maudit capitaine cesserait de traîner dans la rade.

---

11. m. à m. *ce serait tout à fait semblable à elle* : *ce serait bien d'elle.*
12. **'d** peut renvoyer à **had (been)** ou à **would (have got).** De même **'s** peut remplacer **is** : **he's happy,** ou **has** : **he's got** ; **to get** dans le texte signifie : *chercher, obtenir.*
13. **somehow** : *d'une façon quelconque.*
14. **to watch** + inf. sans **to** (verbe de perception) ou verbe en **-ing.**
15. **the only cup to be got** : infinitif passif : *à être trouvée.*
16. **to curse** : *jurer, maudire.*
17. **to hang** avec la particule adverbiale **about** ou **around** : *traîner, s'attarder* ; ici à la forme en **-ing** à cause de **to stop.**
18. *le courant* ; signifie aussi : *ruisseau* ; **to go against the stream** : *aller à contre-courant.*

He took another turn[1], up and down, up and down. He walked as far as the cab-stand[2] to make sure[3] his driver hadn't disappeared; back he swerved[4] again to the little flock huddled[5] in the shelter of the banana crates. Little Jean Scott was still wanting her tea. Poor little beggar[6]! He wished he had a bit of chocolate on him.

"Here, Jean!" he said. "Like a lift[7] up?" And easily, gently, he swung the little girl on to a higher barrel. The movement of holding her, steadying her, relieved[8] him wonderfully, lightened his heart.

"Hold on," he said, keeping an arm round her.

"Oh, don't worry about *Jean*, Mr. Hammond!" said Mrs. Scott.

"That's all right, Mrs. Scott. No trouble. It's a pleasure. Jean's a little pal[9] of mine, aren't you, Jean?"

"Yes, Mr. Hammond," said Jean, and she ran her finger down the dent of his felt hat.

But suddenly she caught him by the ear and gave a loud scream. "Lo-ok, Mr. Hammond! She's[10] moving! Look, she's coming in!"

By Jove! So she was. At last! She was slowly, slowly turning round. A bell sounded far over the water and a great spout[11] of steam[12] gushed[13] into the air. The gulls rose; they fluttered away like bits of white paper. And whether that deep throbbing[14] was her engines or his heart Mr. Hammond couldn't say. He had to nerve[15] himself to bear[16] it, whatever it was. At that moment old Captain Johnson, the harbour-master, came striding down the wharf, a leather[17] portfolio[18] under his arm.

---

1. **to take a turn** : *faire un tour*.
2. ou **cab-station** : *station de taxis*, mais **cab** signifie aussi *fiacre*.
3. **to make sure** : *s'assurer* ; **to make merry** : *festoyer* ; ou **to make way** : *faire la place, s'écarter*.
4. **to swerve** : *faire une embardée, un écart* ; **a swerve** : *un virage, une courbe*.
5. *regroupés, blottis*.
6. **to beg** : *mendier*, mais aussi *prier, demander*. **I beg your pardon** : *pardon* ; *excusez-moi*.
7. **lift** : *ascenseur* (aussi : **elevator**, américain) ; **to give someone a lift** : *aider quelqu'un, le déposer* (en voiture).
8. **relief** [ri'li:f] : *soulagement*.
9. *ami*. **A pen-pal** : *un correspondant* ; familier pour **friend**.
10. **she** : *le navire*.

Il se remit à marcher de long en large. Il alla jusqu'à la station de voitures pour s'assurer que son chauffeur n'avait pas disparu, puis il revint vers le petit troupeau à l'abri des caisses de bananes. La petite Jeanne Scott réclamait toujours son thé. Pauvre petit chou ! Il regretta de ne pas avoir un morceau de chocolat dans sa poche.

« Viens, Jeanne ! dit-il. Tu veux que je te monte là-haut ? » Et doucement, sans effort, il souleva la petite fille et la fit passer sur un tonneau plus élevé. La tenir, l'empêcher de tomber le soulageait extraordinairement, lui réchauffait le cœur.

« Tiens-toi bien », dit-il sans la lâcher.

« Oh, ne vous en faites pas pour Jeanne, M. Hammond », dit Mme Scott.

« Ça va, Mme Scott. Ça ne me dérange pas. C'est un plaisir. Nous sommes amis, pas vrai, Jeanne ? »

« Oui, M. Hammond », dit Jeanne et elle passa le doigt dans le pli de son feutre.

Mais tout d'un coup elle lui attrapa l'oreille et poussa un grand cri. « Regardez, M. Hammond ! Il bouge ! Regardez, il arrive ! »

Mon Dieu ! C'était vrai. Enfin ! Il virait tout doucement. Au loin, sur l'eau, une cloche sonna et un grand jet de vapeur fusa dans le ciel. Les mouettes prirent leur envol, puis se dispersèrent comme des petits papiers blancs. M. Hammond ne savait pas si c'était le bruit sourd des machines qu'il entendait, ou bien les battements de son cœur. Quoi qu'il en fût, il dut faire un effort pour se ressaisir. A cet instant, le vieux Johnson, le capitaine du port, descendit vers le quai à grandes enjambées, une serviette en cuir sous le bras.

---

11. **spout** : *bec* (d'une théière) ; **to spout** : *lancer un jet* (de vapeur, de fumée), *débiter* ; **he spouts poetry** : *il débite de la poésie*.

12. **to go at full steam** : *aller à toute vapeur* ; **to run out of steam** : *s'essouffler* ; **to get steamed up** : *s'énerver*.

13. **to gush** : *jaillir* (pour un liquide) ; **a gushing voice** : péjoratif, *excessive, pleine d'effusions*.

14. **to throb** : *battre, vibrer* ; **heart-throb** : *battement de cœur* ; **a throbbing story** : *une histoire palpitante*.

15. **to nerve yourself** : *prendre son courage* ; **what nerve !** *quel toupet !* ; **to lose your nerve** : *se dégonfler*.

16. **unbearable** : *insupportable*.

17. se prononce [leðə] ; **leather-goods** : *articles en cuir*.

18. **portfolio** : *serviette, portefeuille* (pour un ministre).

133

"Jean'll be all right [1]," said Mr. Scott. "I'll hold her." He was just in time. Mr. Hammond had forgotten about Jean. He sprang away [2] to greet old Captain Johnson.

"Well, Captain," the eager, nervous voice rang [3] out again, "you've taken pity [4] on us at last."

"It's no good [5] blaming me, Mr. Hammond," wheezed [6] old Captain Johnson, staring at the liner. "You got Mrs. Hammond on board, ain't yer [7]?"

"Yes, yes!" said Hammond, and he kept by [8] the harbour-master's side. "Mrs. Hammond's there. Hul-lo! We shan't be long now!"

With her telephone ring-ringing [9], the thrum [10] of her screw [11] filling the air, the big liner [12] bore down on [13] them, cutting sharp through the dark water so that big white shavings [14] curled to either side. Hammond and the harbour-master kept in front of the rest. Hammond took off his hat; he raked [15] the decks – they were crammed [16] with passengers; he waved his hat and bawled a loud, strange "Hul-lo!" across the water, and then turned round and burst out laughing and said something – nothing – to old Captain Johnson.

"Seen her?" asked the harbour-master.

"No, not yet. Steady [17] – wait a bit!" And suddenly, between two great clumsy [18] idiots – "get out of the way there!" he signed with his umbrella – he saw a hand raised – a white glove shaking a handkerchief. Another moment, and – thank God, thank God! – there she was. There was Janey.

---

1. **all right !** : *d'accord, ça va* ; **do you feel all right ?** : *vous vous sentez bien ?*
2. *il s'écarta d'un bond.*
3. **to ring out** : *retentir, résonner.*
4. **to have / take pity on** : *prendre pitié de* ; **pitiful** signifie *lamentable, pathétique*. **What a pity !** *quel dommage !*
5. **no good** + v. en -ing : **it's no good crying** : *ça ne sert à rien de pleurer* ; **to put / lay the blame on someone** : *blâmer.*
6. **to wheeze** [wiːz] **out** : *parler d'une voix chevrotante, essoufflée, rauque.*
7. **haven't you.**
8. **he stayed by his side.**
9. **to ring, rang, rung** : la répétition du mot traduit le fait que le téléphone sonne sans arrêt.
10. **to thrum** ou **strum** : s'emploie pour *jouer sur une guitare.*

134

« Ne vous en faites pas pour Jeanne », dit M. Scott. Il arriva juste à temps. M. Hammond l'avait complètement oubliée. Il bondissait pour saluer le vieux Johnson.

« Eh bien, capitaine, reprit-il de sa voix impatiente et nerveuse, vous avez enfin eu pitié de nous ? »

« Ce n'est pas de ma faute, M. Hammond », dit le vieux Johnson de sa voix essoufflée, les yeux fixés sur le paquebot. « Y a Mme Hammond à bord, n'est-ce pas ? »

« Oui, oui, » dit M. Hammond sans s'éloigner de lui. « Mme Hammond est là-bas. Ça y est. Il n'y en a plus pour longtemps maintenant. »

Tandis que l'air vibrait du dring-dring du téléphone et du bourdonnement de l'hélice, le grand navire s'avança vers eux, fendant de part et d'autre l'eau sombre en copeaux d'écume bouclée. Hammond et le capitaine du port restèrent à l'avant du groupe. Hammond enleva son chapeau, balayant les ponts du regard : ils étaient bondés. Il agita son chapeau et lança sur l'eau d'une voix bizarre et forte « Oh-hé ! », puis il se retourna, éclata de rire et dit quelque chose — n'importe quoi — au vieux Johnson.

« L'avez vue ? » demanda le capitaine.

« Pas encore... Attendez ! » Et tout d'un coup, entre deux grands dadais — « Ôtez-vous de là ! » leur fit-il signe de son parapluie —, il vit une main levée, un gant blanc agitant un mouchoir. Encore un instant et — Dieu soit loué ! — c'était elle. C'était Janey.

---

11. ici *hélice* ; généralement : *vis*.
12. **ocean-liner :** *paquebot*.
13. **to bear (bore, borne) down on someone :** *foncer sur quelqu'un*.
14. métaphore : le bateau *tranche* l'eau **(cutting sharp)** et produit des *copeaux* **(shavings)** d'écume.
15. **rake :** *rateau*.
16. de **to cram** ; *bourré*, ici de monde.
17. **steady :** *attendez*. Au départ d'une course : **Ready! Steady! Go! :** *A vos marques ! Prêts ? Partez !*
18. **clumsy** ['klʌmzi] **:** *maladroit*. C'est bien sûr toujours le point de vue de Hammond, son impatience de voir sa femme.

There was Mrs. Hammond, yes, yes, yes – standing by the rail and smiling and nodding and waving her handkerchief.

"Well, that's first class – first class[1]. Well, well, well!" He positively[2] stamped. Like lightning[3] he drew out[4] his cigar-case and offered it to old Captain Johnson. "Have a[5] cigar, Captain! They're pretty[6] good. Have a couple! Here" – and he pressed all the cigars in the case on the harbour-master – "I've a couple of boxes up at the hotel."

"Thenks, Mr. Hammond!" wheezed[7] old Captain Johnson.

Hammond stuffed the cigar-case back[8]. His hands were shaking, but he'd got hold[9] of himself again. He was able to face[10] Janey. There she was, leaning on the rail, talking to some woman and at the same time watching him, ready for him. It struck him, as the gulf of water[11] closed, how small she looked on that huge ship. His heart was wrung[12] with such a spasm that he could have cried out[13]. How little she looked to have come all that long way and back by herself[14]! Just like her, though. Just like Janey. She had the courage of a – And now the crew[15] had come forward and parted the passengers; they had lowered the rails for the gangways.

The voices on shore and the voices on board flew to greet each other.

"All well?"

"All well."

---

1. expression qui signifie : *c'est parfait*.
2. *il tapait littéralement du pied* ; **he's positively mad** : *il est absolument fou* ; **I'm positive** : *j'en suis sûr*.
3. **lightning** ; **flash of lightning** : *éclair*.
4. **to draw (drew, drawn) out** : *sortir* (en tirant) ; **I drew it out of him** : *j'ai réussi à le lui faire dire*.
5. **have a cigar / a drink / tea / lunch** : *prends, prenez...*
6. **pretty** sert d'adverbe et qualifie **good** : *assez* ; adj., **a pretty girl** : *une jolie fille*.
7. ici, *respirer bruyamment comme un asthmatique, dire d'une voix essoufflée* (cf. n. 6, p. 134).
8. **he put it back** : *il le remit* ; **he stuffed it back** : *il le fourra de nouveau*. **As soon as I'm back** : *dès mon retour* ; **you can go there and back** : *vous pouvez faire l'aller retour* ; cf. plus bas **all that long way and back** : *tout ce long chemin et le retour*.

C'était Mme Hammond, mais oui — debout près du bastingage, elle souriait, faisait signe de la tête, agitait son mouchoir.

« Ah, voilà qui est parfait... parfait ! Bien, très bien ! » Il en trépignait presque. En un éclair, il sortit son étui à cigares et le tendit au vieux Johnson : « Un cigare, capitaine. Ils ne sont pas mauvais. Prenez-en plusieurs. Voilà », et il lui donna tous les cigares de l'étui. « J'en ai plusieurs boîtes à l'hôtel. »

« Merci, M. Hammond », dit la voix essoufflée du vieux capitaine.

Hammond fourra de nouveau l'étui dans sa poche. Ses mains tremblaient, mais il s'était ressaisi. Il pouvait affronter Janey. Elle était là, penchée sur le bastingage, parlant à une femme, et en même temps elle l'observait, elle l'attendait. Tandis que diminuait la distance qui les séparait, il fut frappé de voir combien elle semblait petite sur cet énorme navire. Il en eut le cœur si serré qu'il faillit crier. Avoir fait tout ce long voyage aller-retour toute seule — si petite ! Mais c'était bien d'elle. C'était bien de Janey. Elle avait le courage d'une... Et maintenant l'équipage s'était avancé, écartant les autres passagers ; ils avaient rabattu le bastingage pour placer les passerelles.

Les voix à terre et les voix à bord s'élancèrent dans un échange de saluts.

« Tout va bien ? »

« Tout va bien. »

---

9. **to get hold of yourself** : *se ressaisir* ; **to lose hold** : *lâcher prise* ; **to have a hold over someone** : *avoir barre sur quelqu'un.*
10. *regarder en face, affronter* ; **to face the facts** : *regarder les choses en face, affronter la réalité.* Ici, il lui fait face dans les deux sens du terme.
11. m. à m. *le gouffre d'eau.*
12. **to wring (wrung, wrung)** [riŋ] : *tordre* ; avec **clothes** : *essorer du linge.*
13. **to cry out** : *utter a cry* : *pousser un cri* ; **to cry** : *crier* et *pleurer.* **could** + inf. passé traduit l'irréel du passé.
14. **by herself** : *toute seule* ; **by myself, by yourself, himself, ourselves, yourselves, themselves.**
15. **crew** : *équipage, équipe* ; **crew-cut** : *cheveux en brosse.*

"How's mother?"
"Much better."
"Hullo, Jean!"
"Hillo, Aun'Emily!"
"Had a good voyage?"
"Splendid!"
"Shan't be long now!"
"Not long now."

The engines stopped. Slowly she edged [1] to the wharfside.

"Make way [2] there – make way – make way!" And the wharf hands [3] brought the heavy gangways along at a sweeping [4] run. Hammond signed to Janey to stay where she was. The old harbour-master stepped forward [5]; he followed. As to "ladies first," or any rot [6] like that, it never entered his head.

"After you, Captain!" he cried genially [7]. And, treading on the old man's heels, he strode up the gangway on to the deck in a bee-line [8] to Janey, and Janey was clasped in his arms.

"Well, well, well! Yes, yes! Here we are at last!" he stammered [9]. It was all he could [10] say. And Janey emerged, and her cool little voice – the only voice in the world for him – said, "Well, darling! Have you been waiting long?"

No; not long. Or at any rate, it didn't matter. It was over now. But the point was [11], he had a cab waiting at the end of the wharf. Was she ready to go off? Was her luggage [12] ready?

---

1. **to edge towards** : *avancer doucement vers* ; **to edge** out of a room : *sortir subrepticement d'une pièce*.

2. **to make way** : *dégager* (un chemin). cf **give way** : *céder*.

3. **hands** : *men* ; **all hands on deck** : *tout le monde sur le pont* ; **wharf** se prononce [wo:f].

4. **to sweep** : *balayer d'un mouvement large* ; **to run, ran, run** : *courir*.

5. **en avant** ≠ **backward** : *en arrière* ; **a backward child** : *un enfant arriéré*.

6. dans son impatience, Hammond oublie tous les principes de politesse et passe devant les dames ; il traite ces principes de **rot** : *balivernes*, expression qui vient de **to rot** : *pourrir*.

7. de **genial** ['dʒi:niəl] : *aimable*.

8. **bee-line** : *tout droit* (comme une "ligne d'abeille").

« Comment va maman ? »
« Beaucoup mieux. »
« Bonjour, Jeanne. »
« Bonjour, tante Emily ! »
« Tu as fait bon voyage ? »
« Magnifique ! »
« Ce ne sera plus long maintenant. »

Les machines s'arrêtèrent. Le navire s'approcha lentement du bord du quai.

« Écartez-vous ! Écartez-vous ! Écartez-vous ! » Les manœuvres de quai s'élancèrent au pas de course, tirant les lourdes passerelles. Hammond fit signe à Janey de ne pas bouger. Le vieux capitaine du port s'avança ; il le suivit. Quant au principe « les dames d'abord ! » ou autres bêtises de ce genre, cela ne lui effleura même pas l'esprit.

« Après vous, capitaine », cria-t-il d'une voix cordiale. Et suivant le vieil homme de près, il monta la passerelle d'un pas ferme, et fila tout droit vers Janey. Elle fut dans ses bras.

« Eh bien ! Eh bien ! oui, oui ! Nous y voilà, enfin ! » bégaya-t-il. Ce fut tout ce qu'il put dire. Puis Janey quitta ses bras, et sa petite voix fraîche — la seule au monde pour lui — dit « Eh bien, mon chéri ! Tu attends depuis longtemps ? »

Non, pas longtemps ; d'ailleurs, c'était sans importance. C'était fini maintenant. L'important était qu'il avait une voiture qui attendait là au bout du quai. Était-elle prête à partir ? Ses bagages aussi ?

---

9. **to stammer :** *bégayer d'émotion.*
10. **could** dans son sens de : *être capable* de.
11. **the point was :** *ce qui était important* ; **what's the point in doing...** : *à quoi bon...* ; **that's not the point** : *il ne s'agit pas de cela.*
12. **luggage :** ['lʌgidz].

In that case they could cut off sharp[1] with her cabin luggage and let the rest go hang[2] until to-morrow. He bent[3] over her and she looked up with her familiar half-smile. She was just the same. Not a day changed[4]. Just as he'd always known her. She laid her small hand on his sleeve.

"How are the children, John?" she asked.

(Hang the children!) "Perfectly well. Never better[5] in their lives."

"Haven't they sent me letters?"

"Yes, yes – of course! I've left them at the hotel for you to digest[6] later on."

"We can't go quite so fast," said she. "I've got people to say good-bye to[7] – and then there's the Captain." As his face fell[8] she gave his arm a small understanding squeeze[9]. "If the Captain comes off the bridge I want you to thank him for having looked[10] after your wife so beautifully." Well, he'd got her[11]. If she wanted another ten minutes – As he gave way she was surrounded. The whole first-class seemed to want to say good-bye to Janey.

"Good-bye, *dear* Mrs. Hammond! And next time you're in Sydney I'll *expect*[12] you."

"Darling Mrs. Hammond! You won't forget to write to me, will you?"

"Well, Mrs. Hammond, what this boat would have been without you[13]!"

---

1. **to cut off** : *filer* + **sharp** : *vite*. Look sharp ! : *grouille-toi* ; at ten o'clock sharp : *à dix heures précises*.
2. *que le reste aille se faire pendre*. **Hang the rest** ! : *au diable le reste !*
3. **to bend, bent, bent** : *s'incliner*.
4. **she was not a day changed** : *elle n'avait pas changé "d'un jour", pas du tout*.
5. **better** : *comparatif de* **well**.
6. *digérer, lire à loisir*.
7. **I've got things to do** : *j'ai des choses à faire* ; **people to say good-bye to** : *des gens à saluer*.
8. **to fall, fell, fallen** ; m. à m. *son visage tomba*. His face lit up : *son visage s'illumina*.
9. **to squeeze** : *serrer* ; it was a tight squeeze : *ils étaient serrés comme des sardines*.

140

Alors ils pouvaient se sauver tout de suite avec ses bagages de cabine — et au diable le reste — du moins jusqu'au lendemain. Il se pencha vers elle, et elle leva les yeux vers lui avec son demi-sourire familier. Elle n'avait pas changé. Pas du tout. Elle était telle qu'il l'avait toujours connue. Elle posa sa petite main sur sa manche.

« Comment vont les enfants, John ? » demanda-t-elle.

(Au diable les enfants !) « Parfaitement bien. Ils ne se sont jamais si bien portés. »

« Ils ne m'ont pas envoyé de lettres ? »

« Si, si, bien sûr ! Je les ai laissées à l'hôtel, pour que tu puisses les savourer tranquillement plus tard. »

« Mais nous ne pouvons pas aller si vite. Il y a des gens à qui je dois dire au revoir, et puis il y a le commandant. » Voyant sa mine qui s'allongeait, elle lui serra gentiment le bras. « Si le commandant descend de la passerelle, je veux que tu le remercies de s'être occupé si bien de ta femme. » Eh bien, il l'avait retrouvée. S'il lui fallait encore dix minutes... Tandis qu'il cédait, elle fut très entourée. La première classe tout entière semblait vouloir la saluer.

« Au revoir, ma chère Mme Hammond. Et j'attends votre visite la prochaine fois que vous passerez à Sydney. »

« Chère Mme Hammond ! Vous n'oublierez pas de m'écrire, n'est-ce pas ? »

« Eh bien, Mme Hammond. Je ne sais pas ce que nous aurions fait sans vous. »

---

10. **having looked :** fonction nominale, complément de **to thank**, précédé de la prép. **for** ; fonction verbale : régit la proposition suivante.
11. **he had got her :** *il l'avait, il la tenait.*
12. **to expect someone :** *attendre quelqu'un, la visite de qqun.*
13. sous-entendu : **I just don't know.**

It was as plain[1] as a pikestaff that she was by far[2] the most popular woman on board. And she took it all – just as usual. Absolutely composed. Just her little self[3] – just Janey all over; standing there with her veil thrown back. Hammond never noticed what his wife had on[4]. It was all the same to him whatever[5] she wore. But to-day he did[6] notice that she wore a black "costume" – didn't they call it? – with white frills, trimmings he supposed they were, at the neck and sleeves. All this while Janey handed him round[7].

"John, dear!" And then: "I want to introduce you to –"

Finally they did[8] escape, and she led the way to her stateroom[9]. To follow Janey down the passage that she knew so well – that was so strange to him; to part[10] the green curtains after her and to step into the cabin that had been hers gave him exquisite happiness. But – confound[11] it! – the stewardess was there on the floor, strapping up the rugs.

"That's the last, Mrs. Hammond," said the stewardess, rising and pulling down her cuffs.

He was introduced again, and then Janey and the stewardess disappeared into the passage. He heard whisperings[12]. She was getting the tipping[13] business over[14], he supposed. He sat down on the striped sofa and took his hat off. There were the rugs she had taken with her; they looked good as new[15]. All her luggage looked fresh, perfect. The labels[16] were written in her beautiful little clear hand[17] – "Mrs. John Hammond."

---

1. aussi : **plain as the nose on your face** : *clair comme le jour* ; **plain** : *évident*, signifie aussi *simple, ordinaire* ; **a plain-clothes policeman** : *policier en civil*.
2. **by far** : *de loin*.
3. **just her little self** : *rien qu'elle-même* ; Hammond introduit un little plein d'affection entre **her** et **self** ; **Janey all over** : *complètement Janey*.
4. **to have something on** : **to wear (wore, worn)** : *porter (un vêtement)*.
5. **whatever** : **no matter what** : *quel que fût sa tenue* ; **whatever it costs** : *quel qu'en soit le prix*. **It was all the same to him** : m. à m. *tout lui était pareil, cela lui était indifférent*.
6. vient corriger **he never noticed** ; forme d'insistance.
7. **to hand round the cakes** : *faire passer les gâteaux*.
8. encore une forme emphatique.

Cela sautait aux yeux qu'elle était de loin la femme la plus populaire à bord. Et elle prenait tout cela, comme d'habitude, avec un calme parfait. Elle restait elle-même, toujours la même Janey. Elle se tenait debout, le voile rejeté en arrière. Hammond ne remarquait jamais ce que portait sa femme. La façon dont elle était vêtue lui était indifférente. Mais aujourd'hui, il remarqua qu'elle portait un « tailleur », était-ce bien ainsi qu'on disait ? avec des petits volants — des parements sans doute, pensa-t-il — au col et aux manches. Pendant ce temps, Janey le faisait circuler parmi les gens.

« John, mon chéri, je veux te présenter à ... »

Ils purent enfin s'échapper et elle l'emmena à sa cabine. Suivre Janey le long du couloir qu'elle connaissait si bien et lui si mal, écarter les rideaux verts après elle, pénétrer dans la cabine qui avait été la sienne le rendit extraordinairement heureux. Mais — malédiction ! — la femme de chambre était là, accroupie, attachant les couvertures.

« C'est la dernière, Mme Hammond », dit la femme de chambre ; elle se leva, tirant sur ses manches.

On le présenta de nouveau, et puis Janey et la femme de chambre disparurent dans le couloir. Il entendit chuchoter. Elle s'occupait sans doute du pourboire. Il s'assit sur le divan rayé et ôta son chapeau. Voilà les couvertures qu'elle avait emportées, en parfait état. Tous ses bagages avaient l'air neufs, impeccables. Les étiquettes étaient de sa belle écriture nette : « Mme John Hammond. »

---

9. plus luxueux que **cabin.**
10. *séparer* ; **parting** : *séparation* (et raie dans les cheveux).
11. cf. **confound him** ! : *que le diable l'emporte !* ; **it's a confounded nuisance** [nju:sǝns] : *c'est la barbe !*
12. nom verbal, mis au pluriel, de **to whisper** : *chuchoter*.
13. **to tip :** *donner un pourboire* ; **no tipping** : *pas de pourboire* ; **tip** signifie aussi un *tuyau* : **take my tip** : *suivez mon conseil*.
14. **to get something over :** *en finir avec qqch.* ; **I can't get over it** : *je ne m'en remets pas*.
15. *aussi bien que si elles étaient neuves.*
16. **to label** : *mettre une étiquette*.
17. **hand,** ou **handwriting** : *écriture* ; **handwritten** : *écrit à la main*.

"Mrs. John Hammond!" He gave a long sigh [1] of content and leaned back, crossing his arms. The strain was over. He felt he could have sat [2] there for ever sighing his relief – the relief at [3] being rid [4] of that horrible tug [5], pull, grip on his heart. The danger was over. That was the feeling. They were on dry land again.

But at that moment Janey's head came round the corner.

"Darling – do you mind [6]? I just want to go and say good-bye to the doctor."

Hammond started [7] up. "I'll come with you."

"No, no!" she said. "Don't bother [8]. I'd rather [9] not. I'll not be a minute."

And before he could answer she was gone. He had half a mind [10] to run after her; but instead he sat down again.

Would she really not be long? What was the time now? Out came the watch; he stared at nothing. That was rather [11] queer of Janey, wasn't it? Why couldn't [12] she have told the stewardess to say good-bye for her? Why did she have to [13] go chasing after the ship's doctor? She could have sent a note from the hotel even if the affair had been urgent. Urgent? Dit it – could it mean that she had been ill on the voyage – she was keeping something from him? That was it! He seized [14] his hat. He was going off to find that fellow and to wring the truth out of him at all costs. He thought he'd noticed just something. She was just a touch too calm – too steady. From the very first moment –

---

1. **to sigh** [sai] **with content** : *soupirer de satisfaction.*
2. **could** + inf. passé : irréel du passé ; *il aurait pu* (mais il ne l'a pas fait).
3. **relief** [ri'li:f] : suivi de **at.**
4. **to be rid of** : *être débarrassé de* ; **to get rid of something** : *se débarrasser de qqch.*
5. série de subst. autour de l'idée de tenir ; voir les verbes **to tug** : *tirer fortement* (**tugboat** : *remorqueur*) ; **to grip** : *tenir fortement* (**he had a good grip on his audience** : *il tenait bien son public*) ; **to lose one's grip** : *perdre la forme.*
6. **I don't mind** : *ça ne me fait rien.*
7. **start** : *commencement*, mais aussi *sursaut* ; **to wake with a start** : *se réveiller en sursaut.*
8. **to bother** : *se donner de la peine* (**don't bother to cook a meal** : *ne prenez pas la peine de cuire un repas*) mais aussi : *ennuyer,*

« Mme John Hammond ! » Il poussa un long soupir de satisfaction et se renversa en arrière, les bras croisés. Il n'avait plus à s'inquiéter. Il aurait pu passer le reste de sa vie à soupirer ainsi de soulagement — délivré enfin de cette horrible angoisse qui lui serrait, lui tordait le cœur. Le danger était passé, voilà ce qu'il ressentait. Ils étaient de nouveau sur la terre ferme.

Mais à cet instant, Janey passa la tête par la porte.

« Chéri, tu ne m'en veux pas ? Je veux juste aller dire au revoir au docteur. »

Hammond commença à se lever. « Je t'accompagne. »

« Non, non ! dit-elle. Ne te dérange pas. Je préfère. J'en ai pour à peine une minute. »

Et avant qu'il puisse répondre, elle était partie. Il eut presque envie de lui courir après, mais au lieu de le faire, il se rassit.

Serait-elle vraiment de retour rapidement ? Quelle heure était-il maintenant ? Il sortit de nouveau sa montre. Son regard se perdit dans le vide. C'était un peu curieux de la part de Janey, non ? Pourquoi n'avait-elle pas chargé la femme de chambre de transmettre ses adieux ? Pourquoi devait-elle ainsi courir après le médecin du bord ? Elle aurait pu envoyer un mot de l'hôtel même si l'affaire était urgente. Urgente ? Est-ce que — est-ce que par hasard cela voulait dire qu'elle avait été malade pendant le voyage ? Lui cachait-elle quelque chose ? C'était cela ! Il s'empara de son chapeau. Il allait de ce pas trouver cet homme pour lui arracher la vérité à tout prix. Il lui semblait bien qu'il avait remarqué quelque chose, à peine un détail. Elle était juste un peu trop calme, un peu trop tranquille. Dès le premier moment...

---

harceler. Peut-être un peu ambigu ici : elle lui dit de ne pas se déranger, mais elle pense qu'il l'ennuie un peu...
9. **I had rather (you dit) not** : *je préférerais que non.*
10. **to have a good mind to** : *avoir une grande envie de* ; **half a mind** : *une demi-envie.*
11. **rather** : *plutôt.*
12. série d'hypothèses que fait Hammond : **she could have told, have sent** (+ infinitif passé : hypothèses non réalisées) ; **could** + inf. simple : **could it mean** : l'hypothèse peut se réaliser.
13. **to have to** exprime l'obligation.
14. **to seize** : *saisir* ; **a seizure** : *une attaque* (méd.)

The curtains rang. Janey was back. He jumped to his feet.
"Janey, have you been ill on this voyage? You have!"
"Ill?" Her airy[1] little voice mocked[2] him. She stepped over the rugs, came up close, touched his breast, and looked up at him.
"Darling," she said, "don't frighten me. Of course I haven't! Whatever makes[3] you think I have? Do I look ill?"

But Hammond didn't see her. He only felt that she was looking at him and that there was no need to worry about anything. She was here to look after[4] things. It was all right. Everything was.

The gentle pressure[5] of her hand was so calming that he put his over hers to hold it there. And she said:

"Stand still[6]. I want to look at you. I haven't seen you yet. You've had[7] your beard beautifully trimmed, and you look — younger, I think, and decidedly thinner! Bachelor[8] life agrees[9] with you."

"Agrees with me!" He groaned for love and caught her close[10] again. And again, as always, he had the feeling he was holding something that never was quite his — his. Something too delicate, too precious, that would fly away once[11] he let go[12].

"For God's sake let's get off to the hotel so that we can be by ourselves!" And he rang the bell hard for someone to look sharp[13] with the luggage.

*
* *

---

1. **airy** : *légère* ; **airily** : *d'un air dégagé*.
2. **to mock** : à la fois *imiter* et *se moquer* ; **mock-leather** : *simili-cuir* ; **mock-heroic** : *burlesque* ; subst. **mockery** : *moquerie, raillerie* ; **a mockery of justice** : *une parodie de justice*.
3. what on earth makes you think.
4. **to look after something** : *s'occuper de qqch*.
5. **pressure** ['preʃə] ; **pressure-cooker** : *cocotte-minute*.
6. **still** : *immobile, calme* ; **stillborn** : *mort-né*.
7. **to have** + complément + p. passé ; **I'll have my house painted** : *je ferai peindre ma maison* (sens passif). Mais **to have** + infinitif : **I'll have them paint my house** : *je leur ferai peindre ma maison* (sens actif).
8. *célibataire* ; **bachelor flat** : *garçonnière, studio*.
9. **to agree** : *convenir* ; **the heat doesn't agree with me** : *la chaleur ne me convient pas*.

Bruit de rideaux. Janey était de retour. Il se leva d'un bond.

« Janey, tu as été malade pendant ce voyage ? »

« Malade ? » Sa petite voix légère se moquait. Elle enjamba les couvertures, se rapprocha, lui toucha la poitrine et leva les yeux vers lui.

« Chéri, ne me fais pas peur, dit-elle. Bien sûr que non. Où vas-tu chercher cela ? Ai-je l'air malade ? »

Mais Hammond ne la voyait pas. Il sentait simplement qu'elle le regardait et qu'il n'y avait aucune raison de se faire du souci pour quoi que ce soit. Elle était là pour s'occuper de tout. Tout allait bien, parfaitement bien.

Sa main sur son bras était si apaisante qu'il la couvrit de la sienne pour la retenir. Et elle lui dit :

« Ne bouge plus. Je veux te regarder. Je ne t'ai pas encore vraiment vu. Ta barbe est très bien taillée, et tu as l'air plus jeune, je crois, et beaucoup plus mince. La vie de célibataire te réussit. »

« Me réussit ! » Il gémit d'amour et la serra de nouveau contre lui. Et de nouveau, comme toujours, il eut l'impression de tenir quelque chose qui n'était pas tout à fait à lui, vraiment à lui, qui s'échapperait dès qu'il ouvrirait les bras.

« Pour l'amour du ciel, allons à l'hôtel pour être enfin seuls. » Et il sonna bien fort pour qu'on vienne sans délai s'occuper des bagages.

*
* *

---

10. **close** (adv.) : *étroitement* : **he held her close.**
11. **once** : *une fois que* ; veut dire aussi (adv.) *une fois* et *jadis*, donc **I saw him once** peut vouloir dire *je l'ai vu une fois* ou *je l'ai vu jadis* ; **once upon a time** : *il était une fois.*
12. **to let go** : *lâcher* ; cf. **to let loose**. Invariable ; sert aussi à former la voix impérative. On peut comparer **to let go** avec certains emplois de **make** ; ex. **to make believe** : *faire semblant*, et **to make do** : **you'll have to make do with this** : *il faudra faire avec cela, se contenter de cela.*
13. **to look sharp** : *se presser.*

Walking down the wharf together she took his arm. He had her on his arm again. And the difference it made to get into the cab after Janey – to throw the red-and-yellow striped[1] blanket round them both – to tell the driver to hurry[2] because neither of them had had any tea.
No more going[3] without his tea or pouring out his own. She was back. He turned to her, squeezed her hand, and said gently, teasingly, in the "special" voice he had for her: "Glad to be home[4] again, dearie[5]?" She smiled; she didn't even bother to answer, but gently she drew his hand away as they came to the brighter streets.

"We've got the best room in the hotel," he said. "I wouldn't[6] be put off[7] with another. And I asked the chambermaid to put in a bit of a fire in case you felt chilly[8]. She's a nice, attentive girl. And I thought now we were here we wouldn't bother to go home to-morrow, but spend the day looking round and leave the morning after. Does that suit[9] you? There's no hurry, is there? The children will have you soon enough... I thought a day's[10] sight-seeing[11] might make a nice break[12] in your journey – eh, Janey?"

"Have you taken the tickets for the day after?" she asked.

"I should think[13] I have!" He unbuttoned his overcoat and took out his bulging pocket-book[14]. "Here we are! I reserved a first-class carriage to Salisbury. There it is – 'Mr. and Mrs. John Hammond.' I thought we might as well do ourselves comfortably, and we don't want other people butting in, do we? But if you'd like to stop here a bit longer – ?"

---

1. **a stripe** : *une raie* ; **the stars and stripes** : *le drapeau américain*.
2. **to hurry** ou **hurry up** : *se presser*.
3. **no more** + v. en **-ing** : *plus de... (il n'aurait plus à...)* ; **to go / to do without** : *se passer de*.
4. **home** veut dire à la fois *à la maison*, et *rentrée au pays*. On sait que Mrs Hammond rentre d'un voyage en Europe de dix mois. A l'époque où écrivait Katherine Mansfield, les Anglais à l'étranger disaient souvent **Home** pour l'Angleterre (pays natal).
5. diminutif de **dear**.
6. sens fort de **would** : *je n'ai pas voulu*.
7. **to be put off** : *être dissuadé, repoussé, découragé*. Ce verbe signifie aussi : *remettre à plus tard* ; **to put off a meeting** : *différer une rencontre*.

Ils descendirent le quai ensemble, et elle lui prit le bras. Il l'avait de nouveau à son bras. Cela changeait tout, de monter dans la voiture derrière Janey, d'entourer leurs jambes à tous deux de la couverture rayée jaune et rouge, de dire au chauffeur de se presser parce qu'ils n'avaient ni l'un ni l'autre pris leur thé.

Désormais, il n'aurait plus à se passer de thé, ni à remplir lui-même sa tasse. Elle était de retour. Il se tourna vers elle, lui pressa la main et dit, avec cette tendresse taquine, cette voix « spéciale » qu'il n'avait que pour elle : « Contente d'être rentrée, ma petite chérie ? » Elle sourit sans même prendre la peine de répondre, mais elle écarta doucement sa main quand ils atteignirent les rues plus éclairées.

« Nous avons la meilleure chambre de l'hôtel, dit-il. Je n'en ai pas voulu d'autre. Et j'ai demandé à la femme de chambre de faire un peu de feu pour le cas où tu aurais froid. C'est une bonne petite, pleine d'attentions. Et j'ai pensé que puisque nous étions là, nous pourrions passer la journée à nous promener et partir le lendemain. Cela te convient-il ? Nous ne sommes pas pressés, n'est-ce pas ? Les enfants t'auront bien assez tôt. J'ai pensé qu'une journée passée à visiter la ville interromprait agréablement ton voyage. N'est-ce pas ? »

« As-tu déjà pris les billets pour après-demain ? » demanda-t-elle.

« Mais bien sûr ! » Il défit son manteau et sortit son portefeuille gonflé de papiers. « Voilà ! J'ai réservé un compartiment de première pour Salisbury. Tu vois. M. et Mme Hammond. J'ai pensé qu'on pouvait bien s'offrir un peu de confort, et qu'on ne voulait pas être dérangés, n'est-ce pas ? Mais si tu veux rester ici plus longtemps... »

---

8. **to chill** : *refroidir* ; **to chill wine** : *rafraîchir un vin* ; **to catch (caught, caught) a chill** : *prendre froid* ; **to freeze, froze, frozen** : *geler* ; **deep freeze** : *congélation*.
9. **to suit** [su:t] : *convenir* ; **suitable** : *qui convient, approprié*.
10. les subst. indiquant des unités de durée, d'espace, de poids prennent le génitif généralement réservé aux êtres animés : **a two miles' walk, a week's holiday, a ton's weight**.
11. **to go sight-seeing** : *faire le touriste, visiter la ville* ; **sightseer** : *visiteur*. Cf. **sight** dans le sens de *spectacle* : **she looked a sight** : *elle faisait une de ces têtes !*
12. *interruption* ; à l'école : *récréation* ; peut aussi signifier chance : **give me a break** (fam.) : *donne-moi ma chance*.
13. cf. **I should think so !** : *je pense bien que oui ; bien-sûr*.
14. **pocket-book : wallet** : *portefeuille* mais aussi *calepin*.

"Oh no!" said Janey quickly. "Not for the world! The day after to-morrow, then. And the children—"

But they had reached the hotel. The manager [1] was standing in the broad, brilliantly lighted porch. He came down to greet them. A porter ran from the hall for their boxes [2].

"Well, Mr. Arnold, here's Mrs. Hammond at last!"

The manager led them through the hall himself and pressed the elevator-bell. Hammond knew there were business pals [3] of his sitting at the little hall tables having a drink before dinner. But he wasn't going to risk [4] interruption; he looked neither to the right nor the left. They could think what they pleased. If they didn't understand, the more fools [5] they —and he stepped out of the lift, unlocked the door of their room and shepherded [6] Janey in. The door shut. Now, at last, they were alone together. He turned up [7] the light. The curtains were drawn; the fire blazed. He flung his hat on to the huge bed and went towards her.

But —would you believe [8] it!— again they were interrupted. This time it was the porter with the luggage. He made two journeys of it [9], leaving the door open in between [10], taking his time [11], whistling through his teeth in the corridor. Hammond paced [12] up and down the room, tearing off [13] his gloves, tearing off his scarf. Finally he flung his overcoat on to the bedside.

---

1. *directeur*, ou *gérant* d'un hôtel.
2. m. à m. *leurs boîtes* : **their luggage**.
3. fam. pour **friend**. Remarquez l'emploi du pronom poss. après **of** (cf. après un démonstratif : **that car of yours**, parfois un peu méprisant).
4. ce verbe se construit avec un nom, ou un v. en -ing : **to risk being interrupted** ; cf. **to miss** : **I never miss calling on him** : *je ne manque jamais de lui rendre visite* ; **to avoid** : *éviter*, **to admit** : *avouer*, se construisent de façon semblable.
5. expression idiomatique : *ils en seraient d'autant plus idiots s'ils ne comprenaient pas* ; **the more fool you to go** : *tant pis pour toi si tu y vas*.
6. **to shepherd** : *guider, conduire* (comme un berger : **shepherd**).
7. ≠ **to turn down the lights** ; **to dim the lights**.
8. sous-entendu : **if I told you** ; exclamation qui rend bien l'état

« Oh non ! dit vivement Janey. Pour rien au monde. Après-demain donc. Et les enfants... »

Mais ils étaient déjà à l'hôtel. Le directeur se tenait sous le vaste porche brillamment éclairé. Il descendit les accueillir. Un groom accourut du vestibule pour prendre leurs bagages.

« Eh bien, M. Arnold. Voici enfin Mme Hammond. »

Le directeur les accompagna lui-même dans le hall et appela l'ascenseur. Hammond savait qu'il y avait des gens qu'il connaissait, des relations d'affaires, assis aux petites tables du hall, en train de boire un verre avant le dîner. Mais il n'allait pas courir le risque d'être arrêté : il ne regarda ni à gauche ni à droite. Ils pouvaient penser ce qu'ils voulaient. S'ils ne comprenaient pas, tant pis pour eux, et il sortit de l'ascenseur, ouvrit la porte de leur chambre et fit entrer Janey. La porte se referma. Maintenant enfin ils étaient seuls. Il alluma. Les rideaux étaient tirés ; le feu flambait. Il jeta son chapeau sur le vaste lit et alla vers elle.

Mais — le croirez-vous ? — ils furent encore dérangés. Cette fois, c'était le groom avec les bagages. Il dut faire deux voyages, laissant à chaque fois la porte ouverte, prenant son temps, sifflotant entre ses dents dans le couloir. Hammond marchait de long en large dans la chambre, arrachant ses gants, arrachant son écharpe. Finalement, il jeta son manteau sur le lit.

---

d'énervement de Hammond, dont nous avons toujours le point de vue ; nous ne pouvons que déduire les pensées de Janey d'après ses paroles, ou son attitude, vue de l'extérieur.
9. **of bringing in the luggage.**
10. **in between :** sous-entendu **the two journeys.**
11. **to take (took, taken) your time :** *prendre son temps.*
12. **to pace :** *marcher à vive allure, avec impatience* ; **at a great pace :** *à toute allure* ; **at a slow pace :** *lentement.*
13. **to tear (tore, torn) off :** *enlever vivement* ; peut aussi vouloir dire *partir vivement.*

At last the fool was gone. The door clicked [1]. Now they *were* alone. Said Hammond: "I feel I'll never have you to myself again. These cursed people! Janey" – and he bent his flushed, eager gaze upon her – "let's have dinner up here. If we go down to the restaurant we'll be interrupted, and then there's the confounded music" (the music he'd praised so highly, applauded so loudly last night!). "We shan't be able [2] to hear each other speak. Let's have something up here in front of the fire. It's too late for tea. I'll order a little supper [3], shall I [4]? How does the idea strike [5] you?"

"Do [6], darling!" said Janey. "And while you're away [7] – the children's letters –"

"Oh, later on will do [8]!" said Hammond.

"But then we'd get it over [9]," said Janey. "And I'd first have time to –"

"Oh, I needn't [10] go down!" explained Hammond. "I'll just ring and give the order... you don't want to send me away, do you?"

Janey shook her head and smiled.

"But you're thinking of something else. You're worrying [11] about something," said Hammond. "What is it? Come and sit here – come and sit on my knee [12] before the fire."

"I'll just unpin [13] my hat," said Janey, and she went over to the dressing-table. "A-ah!" She gave a little cry.

"What is it?"

---

1. cf. **a click** : *déclic* : le bruit que fait la porte en se fermant ; **we don't click** : *nous ne nous entendons pas* ; **it suddenly clicked** : *j'ai compris tout à coup*.
2. **to be able to** : *pouvoir* ; **can** n'a pas de futur.
3. **supper :** *dîner* ou *souper* (après le théâtre, par ex.) ; **little** peut signifier *petit* (peut-être *un bon petit* ?) ou **a little** : *un peu* ; voir, plus haut : **let's have something** ; **the Last Supper** : la *Cène*.
4. formule polie, qui indique qu'il dépend de ce que veut sa femme.
5. **to strike** : *sembler, paraître* ; **it struck me that he was ill** : *je compris qu'il était malade* ; **I wasn't very struck with him** : *il ne m'a pas fait bonne impression*.
6. *fais-le* : **do order a little supper**.
7. **to be away** : *être absent*.
8. cf. **it won't do** : *cela n'ira pas*.

Enfin, l'imbécile s'en alla. La porte se referma avec un petit bruit. Maintenant, ils étaient vraiment seuls. Hammond : « J'ai l'impression que je ne t'aurai jamais à moi seul. Maudites gens ! Janey, — il tourna vers elle son regard ému, impatient —, dînons ici, dans notre chambre. Nous serons tout le temps interrompus si nous descendons au restaurant, et puis il y a cette sacrée musique — la musique qu'il avait tant louée, tant applaudie la veille —, on ne pourra même pas s'entendre. Prenons donc quelque chose ici près du feu. C'est trop tard pour le thé. Je vais commander un petit dîner, tu veux bien ? Qu'en penses-tu ? »

« Mais oui, chéri, dit Janey. Et pendant que tu seras parti... les lettres des enfants... »

« Oh, on verra plus tard ! » dit Hammond.

« Mais comme cela, on en aurait fini. Et j'aurais d'abord le temps de... »

« Oh, je n'ai pas besoin de descendre, expliqua Hammond. Je n'ai qu'à commander par téléphone... Tu ne veux pas me renvoyer, dis ? »

Janey secoua la tête, sourit.

« Mais tu penses à quelque chose. Tu es préoccupée, dit Hammond. Qu'est-ce qu'il y a ? Viens t'asseoir ici, viens t'asseoir sur mes genoux devant le feu. »

« Je vais juste défaire mon chapeau, dit Janey en se dirigeant vers la coiffeuse. Ah ! » Elle eut un petit cri.

« Qu'y a-t-il ? »

---

9. **to get something over** : *en finir avec quelque chose* ; mais **I can't get over it** : *je ne peux pas m'y faire.*
10. **to need** + inf. complet à l'affirmatif : **I need to go** : *j'ai besoin d'aller*. A la forme négative : **I don't need to go** ou **I needn't go** : *je n'ai pas besoin d'y aller* (absence d'obligation). Pour l'interdiction, il faut **I must not go**.
11. *tu te fais du souci* ; forme progressive.
12. **on my knee** [ni:] : ou **on my lap** ; **to go on your knees, to kneel** : *s'agenouiller.*
13. *enlever les épingles* ; **to unpin a brooch** : *ôter une broche.*

"Nothing, darling. I've just found the children's letters. That's all right! They will keep [1]. No hurry now!" She turned to him, clasping them. She tucked [2] them into her frilled blouse. She cried quicky, gaily: "Oh, how typical this dressing-table is of you!"

"Why? What's the matter with it?" said Hammond.

"If it were floating in eternity [3] I should say 'John!'" laughed Janey, staring at the big bottle of hair tonic, the wicker [4] bottle of eau-de-Cologne, the two hairbrushes [5] and a dozen new collars tied with pink tape [6]. "Is this all your luggage?"

"Hang my luggage!" said Hammond; but all the same he liked being [7] laughed at by Janey. "Let's talk. Let's get down [8] to things. Tell me" – and as Janey perched on his knees he leaned back and drew her into the deep, ugly chair – "tell me you're really glad [9] to be back, Janey."

"Yes, darling, I am glad," she said.

But just as [10] when he embraced her he felt she would fly away, so Hammond never knew – never knew for dead certain [11] that she was as glad as he was. How could he know? Would he ever know? Would he always have this craving [12] – this pang [13] like hunger, somehow [14], to make Janey so much part of him that there wasn't any of her to escape. He wanted to blot out everybody, everything. He wished now he'd turned off the light. That might have brought her nearer. And now those letters from the children rustled in her blouse. He could have chucked them into the fire.

---

1. ici, *se conserver* ; **food doesn't keep in the summer** : *la nourriture ne se conserve pas bien en été.*

2. **to tuck** : *mettre, ranger* ; **to tuck a child into bed** : *border un enfant.*

3. m. à m. *si elle flottait dans l'éternité*, avec une forme subjonctive **were**, encore plus "irréelle" que le prét. **was** ; cf. **If I were rich** : *si j'étais riche*, qui ne renvoie pas au passé mais à l'hypothétique.

4. cf. **wicker-basket** : *panier en osier.*

5. cf. **tooth-brush** : *brosse à dents* ; **hair** : *les cheveux, la chevelure* ; au pl. **hairs** veut dire *poils* ; **hair-dresser** : *coiffeur.*

6. **tape** [taip] : *ruban* ; **sticky-tape** : *ruban adhésif, scotch* ; **tape-measure** : *un mètre-ruban* (pour mesurer). Le mot signifie aussi *bande magnétique*, d'où **tape-recording** : *enregistrement.*

7. on pourrait avoir l'infinitif passif : **he liked to be laughed at by**

« Rien, chéri. Je viens juste de trouver les lettres des enfants. Bon, cela peut attendre. Inutile de se presser maintenant. » Elle se tourna vers lui en les serrant contre elle, puis les cacha dans son corsage à volants. Elle s'écria vivement, pleine de gaieté : « Ah ! que cette table te ressemble ! »

« Pourquoi ? Qu'est-ce qu'elle a ? » demanda Hammond.

« Même si je la voyais passer en rêve, je dirais "John" ! » s'écriat-elle en riant, contemplant la grande bouteille de lotion pour les cheveux, l'eau de Cologne dans son étui de paille, les deux brosses et la douzaine de cols tout neufs, attachés d'un cordon rose. « Voilà toutes tes affaires ? »

« Au diable mes affaires ! » dit Hammond, mais tout de même, il aimait bien qu'elle le taquine. « Parlons un peu. Passons aux choses sérieuses. Dis-moi » — et tandis que Janey s'installait sur ses genoux, il se renversa en arrière et l'attira dans le vilain fauteuil profond —, « dis-moi que tu es vraiment heureuse d'être rentrée, Janey. »

« Oui, chéri, je suis heureuse. »

Mais c'était comme lorsqu'il l'embrassait et qu'il avait l'impression qu'elle allait s'envoler — il ne pouvait jamais savoir, jamais être absolument sûr qu'elle était aussi heureuse que lui. Comment pouvait-il le savoir ? Le saurait-il jamais ? Serait-il toujours tenaillé, comme par une sorte de faim, par le lancinant désir d'absorber si totalement Janey que rien d'elle ne puisse s'échapper ? Il voulait tout effacer, tout le monde. Il regrettait maintenant de ne pas avoir éteint la lumière. Cela l'aurait peut-être rapprochée. Et ces lettres des enfants qui faisaient un bruit de papier froissé sous sa blouse. Il aurait voulu les jeter au feu.

Janey. Avec **to enjoy** la forme en **-ing** est seule possible (aimer, trouver plaisir à).

8. **to get down to something :** se mettre sérieusement à qqch.

9. **glad to meet you :** heureux de vous rencontrer ; **to gladden :** réjouir.

10. **just as... so :** de même que.. de même.

11. **to know for certain :** être absolument sûr ; **dead** renforce l'adj. : **dead sure** [ʃuə] : absolument sûr ; **dead calm :** calme plat ; **a dead loss :** une perte sèche ou, pour une personne, un bon à rien ; **to come to a dead stop :** s'arrêter pile.

12. **to crave for something :** désirer fortement.

13. **the pangs of conscience :** les affres du remords ; **of death :** de la mort ; **of hunger :** les tiraillements de la faim.

14. **somehow :** d'une certaine façon et d'une manière ou d'une autre. **We'll manage somehow :** on se débrouillera.

"Janey," he whispered.

"Yes, dear?" She lay on his breast, but so lightly, so remotely[1]. Their breathing rose and fell together.

"Janey!"

"What is it?"

"Turn to me," he whispered. A slow, deep flush flowed into his forehead. "Kiss me, Janey! You kiss me!"

It seemed to him there was a tiny pause – but long enough for him to suffer torture – before her lips touched his, firmly, lightly – kissing them as she always kissed him, as though the kiss – how could he describe it? – confirmed what they were saying, signed the contract. But that wasn't what he wanted; that wasn't at all what he thirsted for[2]. He felt suddenly, horribly tired[3].

"If you knew," he said, opening his eyes, "what it's been like[4] – waiting to-day. I thought the boat never[5] would come in. There we were hanging about[6]. What kept[7] you so long?"

She made no[8] answer. She was looking away[9] from him at the fire. The flames hurried – hurried over the coals, flickered[10], fell.

"Not asleep, are you?" said Hammond, and he jumped[11] her up and down.

"No," she said. And then: "Don't do that, dear. No, I was thinking. As a matter of fact[12]," she said, "one of the passengers died last night – a man. That's what held us up[13]. We brought him in[14] – I mean, he wasn't buried at sea. So, of course, the ship's doctor and the shore doctor[15] – "

---

1. remote [ri'mout] : *lointain* ; **remote-control** : *télécommande* ; **the remotest idea** : *la moindre idée.*
2. **to thirst for,** cf. **to crave for** : *désirer fortement.*
3. **tired** ['taiəd] : **voir p. 81** ; **tired out** : *épuisé.*
4. **what it has been like** ; present perfect qui indique que l'action commencée dans le passé se prolonge dans le présent ; **what it was like** indiquerait que la période d'attente est terminée, alors que son attente dure encore.
5. on s'attend à trouver **never** placé après l'auxiliaire : **would never come in** ; placé avant, il est renforcé.
6. **to hang about** : *traîner, errer* ; cf. **to hang around.**
7. **to keep** : *garder, retenir* ; **they kept me for hours** : *ils m'ont retenu pendant des heures.*
8. négation plus forte que s'il y avait **she did not answer** [a:nsə].

« Janey », murmura-t-il.

« Oui, chéri ? » Elle était appuyée contre sa poitrine, mais si légère, si lointaine. Leurs respirations s'accordaient.

« Janey ! »

« Qu'y a-t-il ? »

« Tourne-toi vers moi », murmura-t-il. Lentement une rougeur sombre lui monta au front. « Embrasse-moi, Janey. Embrasse-moi, toi ! »

Il lui sembla qu'elle avait un instant d'hésitation — assez long cependant pour le faire souffrir mille morts — avant de poser ses lèvres légèrement, fermement sur les siennes, l'embrassant comme elle le faisait toujours, comme si le baiser — comment dire ? — venait confirmer ce qu'ils disaient, signer le contrat. Mais ce n'était pas cela qu'il voulait ; il aspirait à tout autre chose. Il se sentit soudain horriblement épuisé.

« Si tu savais ! dit-il en ouvrant les yeux, ce que cela a été aujourd'hui, cette attente. J'ai cru que le bateau ne serait jamais à quai. Nous étions là, à traîner. Qu'est-ce qui vous a retenus si longtemps ? »

Elle ne répondit pas. Elle avait détourné son regard vers le feu. Les flammes couraient, couraient sur les charbons, vacillaient, retombaient.

« Dis, tu ne dors pas ? » Hammond la fit sauter sur ses genoux.

« Non », dit-elle. Et puis : « Arrête, chéri. Non, je réfléchissais. En fait, un des passagers est mort la nuit dernière — un homme. C'est cela qui nous a retenus. Nous l'avons ramené — je veux dire, on ne l'a pas immergé. Alors bien sûr, le médecin du bord et celui du service de santé... »

---

9. **to look away :** *détourner le regard*. La particule adverbiale **away** peut avoir le sens de *sans arrêt* : **she sang away.**
10. **to flicker :** *vaciller* ; **a flicker of hope :** *une lueur d'espoir*.
11. **to jump :** (transitif comme ici ou intr. comme p. 76) *sauter* ou *faire sauter* ; **to jump an obstacle :** *sauter un obstacle* ; ou **he jumped his horse over the wall :** *il fit sauter son cheval par-dessus le mur* ; **he jumped his son on his knee :** *il fit sauter son fils sur ses genoux.*
12. **as a matter of fact :** *à vrai dire, en réalité*. Peut s'employer comme adj. : *prosaïque, terre à terre* : **a matter-of-fact tone.**
13. **to hold up :** *arrêter, retenir* ; **a hold-up in a bank :** *un hold-up dans une banque* ; **the traffic was held up by an accident :** *la circulation fut arrêtée par un accident.*
14. **to bring, brought, brought in :** *ramener.*
15. celui qui se trouve à terre, sur le rivage ; **sea-shore :** *littoral.*

"What was it?" asked Hammond uneasily. He hated to hear of death. He hated this to have happened [1]. It was, in some [2] queer way, as though he and Janey had met a funeral on their way to the hotel.

"Oh, it wasn't anything in the least infectious [3]!" said Janey. She was speaking scarcely [4] above [5] her breath. "It was heart [6]." A pause. "Poor fellow!" she said. "Quite young." And she watched the fire flicker and fall. "He died in my arms," said Janey.

The blow [7] was so sudden that Hammond thought he would faint. He couldn't move; he couldn't breathe. He felt [8] all his strength flowing [9] — flowing into the big dark chair, and the big dark chair held him fast, gripped him, forced him to bear [10] it.

"What?" he said dully [11]. "What's that you say?"

"The end was quite peaceful," said the small voice. "He just" — and Hammond saw her lift her gentle hand — "breathed his life away [12] at the end." And her hand fell.

"Who — else was there?" Hammond managed to ask.

"Nobody. I was alone with him."

Ah, my God, what was she saying! What was she doing to him! This would kill him! And all the while [13] she spoke:

"I saw the change coming [14] and I sent the steward for the doctor, but the doctor was too late. He couldn't have done anything, anyway."

"But — why *you*, why *you*?" moaned [15] Hammond.

At that Janey turned quickly, quickly searched [16] his face.

---

1. proposition infinitive avec un infinitif passé.
2. **some day next week** : *un jour ou l'autre de la semaine prochaine* : même emploi de **some** : indéfini.
3. cf. **infection**, subst. ; **to catch an infection** : *attraper une maladie* ; **throat-infection** : *angine*. L'adj. peut être employé de façon figurée : **infectious laughter** : *rire contagieux*.
4. **scarcely** : **hardly**, *à peine*.
5. cf. **to speak under your breath** : *chuchoter*.
6. il est très difficile de rendre l'effet de l'absence de l'article ou de l'adj. possessif ici. A la différence du français, l'anglais emploie l'adj. poss. pour les mots désignant une partie du corps, ou de l'habillement : **his hands in his pockets** : *les mains dans les poches*. (mais on dirait : **he was wounded in the head**). Ici, on pourrait comprendre : **heart trouble** : *maladie de cœur*.
7. **blow** : *coup* ; **to give someone a blow** : *frapper quelqu'un*.

« De quoi s'agissait-il ? » demanda Hammond, mal à l'aise. Il avait horreur d'entendre parler de mort. Il avait horreur que tout cela soit arrivé. C'était, curieusement, comme si Janey et lui avaient croisé un enterrement en venant à l'hôtel.

« Oh, ce n'était rien de contagieux ! » dit Janey. Elle parlait très bas. « C'était le cœur. » Un silence. « Le pauvre ! Si jeune. » Elle regardait vaciller, retomber les flammes. « Il est mort dans mes bras. »

Le coup fut si inattendu que Hammond crut qu'il allait s'évanouir. Il ne pouvait plus bouger ; il ne pouvait plus respirer. Il sentit toute sa force s'en aller, s'en aller dans le grand fauteuil sombre, et le grand fauteuil sombre le serra, l'étreignit, le força à supporter la chose.

« Quoi ? demanda-t-il sourdement. Que dis-tu ? »

« La fin fut très paisible, dit la petite voix. Il lâcha tout simplement sa vie — elle leva doucement la main — dans un souffle » et sa main retomba.

« Qui d'autre était là ? » réussit à demander Hammond.

« Personne. J'étais seule avec lui. »

Ah, mon Dieu, que disait-elle ! Que lui faisait-elle ! Cela le tuerait ! Elle ne cessait de parler.

« J'ai vu venir le changement et j'ai envoyé le steward chercher le médecin, mais il est arrivé trop tard. De toute façon, il n'aurait rien pu faire. »

« Mais pourquoi toi, pourquoi toi ? » gémit Hammond.

Alors Janey se retourna vivement et scruta son visage.

---

8. **to feel (felt, felt)** + v. en **-ing.**
9. **to flow :** *couler, s'écouler.*
10. **to bear :** *supporter* ; cf. **bearable :** *supportable* ; **unbearable :** *insupportable.*
11. **dully :** *d'une façon terne, éteinte.*
12. **to breathe away :** *éloigner d'un souffle.*
13. **all the while :** *pendant tout ce temps* ; **stop a while :** *arrêtez-vous un instant.*
14. **to see,** v. de perception, + v. en **-ing** (ou inf. sans **to**).
15. **to moan** [məun] : *gémir, se plaindre.*
16. **to search :** *examiner, fouiller* ; **to search one's memory :** *fouiller dans ses souvenirs* ; **to search for something :** *chercher qqch.*

"You don't *mind*, John, do you?" she asked. "You don't — It's nothing to do with you and me."

Somehow or other he managed to shake[1] some sort of smile at her. Somehow or other he stammered: "No — go — on, go on! I want you to tell me."

"But, John darling—"

"Tell me, Janey!"

"There's nothing to tell," she said, wondering[2]. "He was one of the first-class passengers. I saw he was very ill when he came on board... But he seemed to be so much better until yesterday. He had a severe attack in the afternoon — excitement — nervousness, I think, about arriving. And after that he never recovered[3]."

"But why didn't the stewardess—"

"Oh, my dear — the stewardess!" said Janey. "What would he have felt[4]? And besides... he might[5] have wanted to leave a message... to—"

"Didn't he?" muttered[6] Hammond. "Didn't he say anything?"

"No, darling, not a word!" She shook her head softly. "All the time I was with him he was too weak[7]... he was too weak even to move a finger..."

Janey was silent. But her words, so light, so soft, so chill[8], seemed to hover in the air, to rain[9] into his breast like snow.

The fire had gone red[10]. Now it fell in[11] with a sharp sound and the room was colder. Cold crept[12] up his arms.

---

1. **to shake a smile** : m. à m. *trembler un sourire* ; **a shaky** smile : *un sourire hésitant, tremblant* ; **shaky legs** : *jambes tremblantes* ; **my English is shaky** : *mon anglais est peu sûr*.
2. **to wonder** : *s'étonner, songer.* Janey est à la fois songeuse et étonnée. Ce terme de **wonder** est souvent associé par Katherine Mansfield à l'étonnante rencontre avec la mort. Voir la fin de la première nouvelle, *La Garden-Party*.
3. **to recover** : *se rétablir* ; **recovery** : *rétablissement*.
4. sous-entendu **if the stewardess had been there** : *si la femme de chambre avait été là* ; irréel du passé avec l'infinitif passé. Ce n'est pas ainsi que les choses se sont passées.
5. **might** annonce une éventualité, mais suivi de l'inf. passé : éventualité qui ne s'est pas réalisée. Mais comme tout cela porte sur le cas où il n'y aurait eu que la femme de chambre, Hammond

« Tu ne m'en veux pas, John, n'est-ce pas ? Tu ne... Cela n'a rien à voir avec nous deux. »

Il parvint à grimacer une sorte de sourire, et bégaya, tant bien que mal : « Non, continue. Je veux que tu me racontes. »

« Mais, John chéri... »

« Raconte-moi, Janey. »

« Il n'y a rien à raconter, dit-elle d'une voix étonnée. C'était un des passagers de première classe. J'ai vu qu'il était très malade quand il est monté à bord. Mais il semblait aller tellement mieux jusqu'à hier. Il a eu une crise grave dans l'après-midi — l'excitation, l'énervement de l'arrivée, je pense. Et après, il ne s'est jamais remis. »

« Mais pourquoi la femme de chambre... »

« Oh, mon chéri, la femme de chambre ! dit Janey. Mais qu'est-ce qu'il aurait pensé ? Et d'ailleurs, il aurait pu vouloir laisser un message... ou... »

« Il ne l'a pas fait ? bredouilla Hammond. Il n'a rien dit ? »

« Non, chéri. Pas un mot. » Elle secoua doucement la tête. « Tout le temps que je suis restée avec lui, il était trop faible, trop faible même pour bouger un doigt. »

Janey ne dit rien. Mais ses paroles si légères, si douces, si glacées semblaient flotter, semblaient tomber dans sa poitrine comme de la neige.

Le feu rougeoya. Puis il s'affaissa avec un bruit sec, et la chambre se refroidit. Le froid envahit peu à peu ses bras.

---

ne peut pas savoir ce qui s'est vraiment passé, d'où la question suivante, qui sera posée de façon interro-négative.
6. **to mutter :** *dire d'une voix sourde,* souvent avec colère ; *murmurer ; grommeler.*
7. **weak :** *faible* ; subst. : **weakness** (≠ **strong, strength**).
8. **chill :** adj., *glacé,* plus fort, plus poétique que **chilly :** *froid, glacé.*
9. **to rain :** *tomber comme de la pluie.*
10. **to go red :** *to become red, rougir.*
11. **to fall in :** *s'effondrer sur soi-même.*
12. **to creep (crept, crept) up :** *monter en rampant, subrepticement* ; **it gives me the creeps :** *cela me fait frissonner* ; **creepy :** *qui fait frissonner, terrifiant.*

The room was huge, immense, glittering. It filled his whole [1] world. There was the great blind [2] bed, with his coat flung across it like some headless man saying his prayers. There was the luggage, ready to [3] be carried away again, anywhere, tossed [4] into trains, carted [5] on to boats.

..."He was too weak. He was too weak to move a finger." And yet he died in Janey's arms. She −who'd never− never once in all these years −never on one [6] single solitary occasion−

No; he mustn't [7] think of it. Madness lay [8] in thinking of it. No, he wouldn't face it. He couldn't stand [9] it. It was too much to bear!

And now Janey touched his tie with her fingers. She pinched the edges of the tie together.

"You're not −sorry I told you, John darling? It hasn't made you sad? It hasn't spoilt our evening −our being alone [10] together?"

But at that he had to hide his face. He put his face into her bosom and his arms enfolded her.

Spoilt their evening! Spoilt their being alone together! They would never be alone together again.

---

1. **whole** [houl] : *entier* ; **the whole truth** : *la vérité tout entière* ; **wholehearted** : *de tout cœur*.

2. **blind** : *aveugle* ; **deaf and dumb** : *sourd-muet*.

3. **ready to** : *prêt à*, suivi d'une série d'infinitifs passifs **be carried... tossed... carted**.

4. **to toss** : *lancer, jeter* ; **with a toss of her head** : *d'un mouvement de la tête*.

5. **to cart** : *transporter*, cf. **cart** : *charrette*.

6. série d'expressions soulignant le caractère unique : *jamais... une seule, unique, solitaire fois*.

7. **must** exprime l'obligation, **must not** l'interdiction. L'absence d'obligation s'exprime avec la forme négative : **you don't have to** ; **you don't need to**.

8. **to lie (lay, lain)** : *résider, se trouver* ; **the blame lies with him** : *c'est lui qui est à blâmer*.

9. **I can't stand him** : *je ne peux pas le supporter*..

162

La chambre était vaste, immense, étincelante. Elle remplissait tout son univers. Il y avait le grand lit aveugle, avec son manteau jeté en travers comme un homme sans tête faisant ses prières. Il y avait les bagages, prêts à être emportés de nouveau, n'importe où, jetés dans des trains, chargés dans des bateaux.

... « Il était trop faible. Il était trop faible pour bouger un doigt. » Et pourtant il mourut dans les bras de Janey. Elle qui ne lui avait jamais — jamais au cours de toutes ces années — pas même une seule fois...

Non, il ne fallait pas y penser. Il en deviendrait fou. Non, il n'affronterait pas cela. C'était insoutenable. Il ne pouvait le supporter.

Et maintenant, Janey touchait sa cravate, elle jouait avec le nœud.

« Tu ne regrettes pas que je te l'aie dit, John chéri ? Cela ne t'a pas gâché notre soirée seuls tous les deux ? »

Mais il dut alors cacher son visage, qu'il pressa contre la poitrine de sa femme. Il l'entoura de ses bras.

Gâché leur soirée ! Gâché leur solitude à deux ! Ils ne seraient plus jamais seuls tous les deux.

---

10. m. à m. *gâché notre fait d'être seuls tous les deux* ; **being** a une fonction nominale puisqu'il est précédé d'un adj. possessif, et une fonction verbale, puisqu'il régit l'adj. **alone.** L'expression tout entière est en apposition à **our evening** et sert de complément à **spoilt.** L'expression est reprise plus bas, avec changement d'adj. poss.

INDEX LEXICAL

A

account, 50
add, 76
agony, 78
agree, 146
airy, 146
alas, 52
alive, 22
amazed, 36
amount, 74
anoint, 76
appallingly, 62
apron, 126
ashtray, 80
astonishment, 40
awake, 116
awful, 58
awkward, 48, 64

B

bachelor, 146
baize, 22
band, 16
bang, 14, 66
barefoot, 72
bareheaded, 78
barrel, 132
basket, 48
batch, 120
bathe, 78
bawl, 134
beach, 120
beaded, 100
beam, 28
bear, 40
beard, 122
beast, 66
beat, 88
beckon, 122
becoming, 46
bee-line, 138
beg, 46
beggar, 132
begin, 66
behave, 40
bend, 18, 52
berth, 112
bit, 130
bite, 24
blame, 134
blare, 102
blaze, 74
bless, 102
blind, 56, 120
blindness, 72
blissfully, 84
blot out, 154
blow, 98
blurred, 42
blush, 14
board, 130
bobble, 112
bodice, 112
bore, 76
bosom, 160
bother, 148
bottom, 36
bound, 44
bow, 12, 106
bowl, 120
boyish, 20
brass, 72
bread-and-butter, 14
break, 148
breast, 66
breath, 22
breathlessly, 86
briskly, 112
broad, 36
broadly, 30
brush, 20, 56
bun, 110
bunk, 112

167

burn, 98
burst, 134
bury, 122
bush, 12
business-like, 14
bustle, 98
butt in, 148
butterfly, 12
buy, 64

C

cab, 98
cabbage, 36
camel, 122
cap, 98
careless, 22
carriage, 66
cart, 118
carve, 98
catch, 38, 34
chap, 34
cheek, 44
cheer up, 14
chest, 128
chesterfield, 26
chew, 84
chill, 160
chime, 76
chin, 120
choke, 40
chuck, 154
chuckling, 22
clammy, 106
clasp, 98
click, 152
cliff, 84
close, 146
cluck, 34
clumsy, 134
cluster, 118
clutch, 106
coals, 154

coarse, 74
coat, 52
cobbler, 36
coil, 104
common sense, 40
complacently, 88
confiding, 128
confound, 142
confused, 90
congenial, 70
conspicuous, 16
content, 56
coo, 38
cool, 68
cost, 144
counter, 72
countless, 68
crab-like, 52
crammed, 134
crane, 98
crate, 132
craving, 154
crew, 136
crimson, 22
crinkled, 126
crook, 122
crouch, 24
crowd, 74
crush, 92
crust, 20
crutch, 52
cupboard, 48
cuff, 108
curl, 134
curse, 152
curtain, 144

D

daisy, 42
dark, 12
dash, 20, 130
dawn, 12

dazed, 66
death, 64
decency, 130
deck, 100
delight, 68
dent, 132
despise, 18
dew-drops, 120
dim, 118
disturb, 54
dive, 126
donkey, 62
door-knob, 38
dove, 80
drag, 92
drama, 26
draw (near), 54, (out) 84, (up) 68
drawing-room, 24
dreadful, 40
dream, 116
drenched, 120
dressing-gown, 112
drift, 68
droop, 18
droppings, 126
drum, 120
drunk, 38
due, 98
dull, 66
dusky, 50
dwelling, 36

E

eager, 128
edge (away), 104
enfold, 160
engine, 62
enjoyment, 42
event, 66
exhausted, 92
expand, 110
expect, 130
exquisite, 30
extent, 74
eyebrow, 106
eyelid, 56
eyesore, 36

F

fade, 46
faint, 22, 98
fair, 82
fancy, 32
fast, 20, 56
feathery, 32
fellow, 144
felt, 126
fern, 118
fidget, 48
figure, 106
files, 68
filthy, 66
finger, 106
fish (up), 80
fishmonger, 76
flag, 88
flap, 82
flatten, 66
fleck, 68
flicker, 158
flight, 106
fling, 66, 150
flock, 126
flow, 158
flush, 152
flutter, 132
fly, 126
foam, 116
fold, 104
follow, 138
fondly, 56
fool, 126
forbid, 90

forefinger, 18
forget, 18
forgive, 56
fork, 108
frame, 22
fray, 42
freckled, 14
fright, 40
frill, 40
frock, 52
frog, 44
frown, 102
fur, 122

G

galley, 126
gangway, 100
gasp, 20
gate, 86
gather, 90
gaze, 152
gesture, 18
giggle, 114
give (up), 56
glad, 154
glance, 66
glare, 76
gleam, 126
glide, 68
glimpse, 42
gloom, 52
glove, 100
glow, 106
gnawing, 68
goggle, 44
grave, 92
greasy, 56
greet, 134
grim, 74
grin, 66
grind, 86
grip, 158

groan, 146
grown-up, 34
grudge, 70
guess, 104
gull, 126
gurgle, 90
gush, 132

H

haggard, 16
hail, 44
half-way, 44
handkerchief, 134
handle-bars, 88
hang, 18, 68
harbour, 98
harden, 38
harmless, 126
haste, 118
haze, 12
hearthrug, 72
heartless, 88
hearty, 84
heavens, 72
hedge, 86
heel, 128
help, 32
hide, 16
hill, 104
hint, 70
hired, 44
hiss, 66
hold, 82
hollow, 50
hoof, 120
hop, 116
horn, 80
horrid, 74
hover, 160
huddle, 132
hug, 64
hum, 50

hundred, 12
hurry, 154

I

icing-sugar, 32
induce, 88
infant, 64
inconvenient, 72
inkpot, 22
intent, 104
inward, 32

J

jeer, 92
jerk, 98
jersey, 100
jump, 156
jut, 98

K

keen, 70
knee, 40
knot, 64
knuckles, 92

L

lace, 56
lack, 76
ladder, 116
land, 116
lanky, 14
lap, 64
lapel, 102
lather, 114
laughter, 50
launch, 128
lawn, 20
lean, 114
leap, 74
leather, 132
lick, 32

lid, 118
life-size, 80
lightning, 136
likely, 74
linen, 106
lining, 110
lip, 100
loathsome, 92
lock, 74
loop, 126
lounge, 106
luggage, 160
lurch, 66

M

maddening, 70
make (for) 18, (up) 94
malignant, 88
marquee, 12
marvel, 56
mast, 102
mat, 106
material, 80
mealtimes, 64
meaningly, 54
merrily, 122
middle-aged, 126
might, 104
minute, 36
mist, 118
mistake, 24
moan, 24
motionless, 126
mournfully, 88
mow, 12
muffled, 22
mushroom, 84
mutter, 92

N

naked, 68
neat, 98

neighbourhood, 36
net, 110
nimbly, 112
nod, 104
notice, 142
nowadays, 80

O

oars, 88
oily, 54
ointment, 76
overcoat, 150

P

pace, 130
pal, 132
palm, 102
pang, 62
pant, 114
parcel, 66
parched, 82
pat, 78
path, 52
patch, 36
peak, 106
peal, 22
pebble, 120
peck, 98
peel, 74
peer, 112
pet, 30
pikestaff, 142
pinch, 18
pine, 72
pine-apple, 64
pipe, 94
pitch, 114
pity, 82
plainly, 118
plait, 74
plunge, 128
plush, 112

poky, 40
pop, 40
poverty-stricken, 36
praise, 116
pray, 104
pressing, 20
pretend, 36
primly, 108
properly, 86
proud, 18
prowl, 38
pucker, 54
puff (out), 44

Q

queer, 128
quick, 20
quieten, 66
quilt, 122
quivering, 98

R

race, 66
rack, 66
rag, 36
rail, 106
raise, 134
rake, 134
rate, 138
rapturous, 30
ready, 20
realise, 50
receiver, 22
recover, 92
regard, 66
relief, 40
relish, 34
reminder, 88
remote, 56
rescue, 72
ribbon, 42
rid, 144

ride, 72
right, 154
ring, 102
ripen, 46
rise, 114
rock, 106
rope, 104, 128
rot, 138
row, 72
rubber, 106
ruddy, 88
rudely, 84
ruffle, 74
rug, 142
rush, 104
rustle, 114

S

sailor, 104
sake, 146
sandy, 80
save, 62
scan, 16
scarcely, 158
scarf, 126
scatter, 116
scones, 120
score, 66
scrap, 62
scratch, 20
scream, 126
screech, 80
screw, 86, 134
scurry, 66
search, 158
seize, 144
selfish, 72
settle, 62
shade, 50
shadow, 50
shake, 68
shallow, 22

shape, 118
share, 64
sharp, 140
shavings, 134
shawl, 50
shed, 98
sheep, 80
shell, 20
shelter, 66
shepherd, 150
shift, 14
shirt-sleeves, 14
shiver, 114
shoot, 72
shore, 136
shortsighted, 14
shoulder, 18
shovel, 72
show, 52
shower, 68
shred, 36
shrewd, 128
shrill, 104
shudder, 76
shy, 34, 56
skeleton, 118
skim, 20
skip, 98
skirt, 22
sky, 50
slam, 108
slap, 114
slice, 64
slide, 104
slip, 78
sling, 14
smoky, 50
smudged, 80
snap, 68
snatch, 34
sneak, 64
sneer, 92
snuff, 18

snugly, 126
soak, 120
sob, 56
soft, 22
sorry, 38
soul, 120
sound, 56
sparkling, 68
spear, 84
spend, 64
spider, 112
splash, 68
spoil, 42
spot, 22
spout, 132
sprawl, 76
spread, 130
spirg, 18
spring, 118
square, 128
squat, 98
squeeze, 140
stain, 130
stairs, 22
stalk, 36
stall, 64
stammer, 58
stamp, 136
stare, 34
starry, 98
starve, 82
stateroom, 142
steady, 116
steep, 76
stem, 50
stern, 100
stifle, 122
stir, 126
stool, 70
stoops, 86
stow, 66
strain, 104
straits, 114

strap, 98
straw, 14
strawberry, 76
streamer, 52
strenuous, 38
stretch, 66
strew, 70
stride, 132
strike, 136
string, 106
strip, 80
striped, 78
stroll, 44
strung, 100
stud, 36
stuff, 84
stunning, 44
suit, 148
sunburnt, 74
surround, 140
swallow, 102
swan, 98
swarm, 126
swerve, 132
swing, 66
swollen, 54
sympathetic, 38

T

tactless, 118
tease, 48
thin, 80
thick, 126
thirst, 154
thoughtfulness, 108
throbbing, 132
thrum, 134
thrust, 106
thud, 22
thump, 104
tilt, 76
tinkling, 92

tiny, 22
tipping, 142
toe, 118
tongs, 72
tool-bag, 14
toothache, 34
topping, 44
toss, 70
toy, 62
trail, 110
tramp, 118
tread, 114
tremendously, 128
trill, 44
trimmings, 142
truck, 98
tuck, 154
tuft, 122
tug, 144
turf, 90
tussle, 112
twirl, 126

U

ugly, 154
ulster, 98
umbrella, 106
unclasp, 104
underlip, 16
uneaten, 48
unfurl, 98
unlock, 150
unpin, 152
upbringing, 14

V

vain, 92

veil, 142
velvet, 42

W

wad, 66
wail, 130
wall, 26
wander, 80
washerwoman, 36
washstand, 108
watering-can, 120
wave, 116
way, 154
wear, 74
weary, 26
wheeze, 136
whip, 32
whisper, 102
whistle, 100
wickedness, 108
wide-eyed, 80
wiles, 80
windless, 12
wink, 122
wipe, 120
wise, 78
wither, 118
wobbly, 80
wooden, 18
woolly, 98
wretched, 54
wring, 136
wrong, 40

Y

yawn, 84
yellow, 80

Faites de nouvelles découvertes sur **www.pocket.fr**

- Des 1ers chapitres à télécharger
- Les dernières parutions
- Toute l'actualité des auteurs
- Des jeux-concours

POCKET

Il y a toujours un **Pocket** à découvrir

CONAN DOYLE

Sherlock Holmes
Le problème final
The Final Problem

LINGUE

PATRICIA HIGHSMITH

Crimes presque parfaits

Near-perfect crimes

LANGUES POUR TOUS

LINGUE

JEROME K. JEROME

Trois hommes dans un bateau

Three men in a boat

POUR TOUS

BILINGUE

P. G. WODEHOUSE

Jeeves, occupez-vous de ça !

Jeeves Takes Charge

LANGUES POUR TOUS

BILINGUE

Scott F. Fitzgerald

Un diamant gros comme le Ritz

The Diamond as big as the Ritz

LANGUES POUR TOUS

Impression réalisée sur Presse Offset par

C P I
Brodard & Taupin

41930 – La Flèche (Sarthe), le 21-05-2007
Dépôt légal : mars 1988
Suite du premier tirage : mai 2007

POCKET – 12, avenue d'Italie - 75627 Paris cedex 13

Imprimé en France